仕事の結果は「はじめる前」に決まっている

MINIMUM THINKING STRATEGY

マッキンゼーで学んだ段取りの技法

大嶋祥誉

？

あなたは、こんな仕事をしていないだろうか？

☑ 忙しいばかりで結果が出ない

☑ 残業、休日出勤は当たり前

☑ 「行動しながら考える」がモットー

このタイプの人は、
仕事にムダが多く、力が分散している。
だから、努力をしても結果が出ない。

結果を出す人は、
仕事の「段取り」が違う。

欲しい結果に向かって、
ムダなく行動できる。

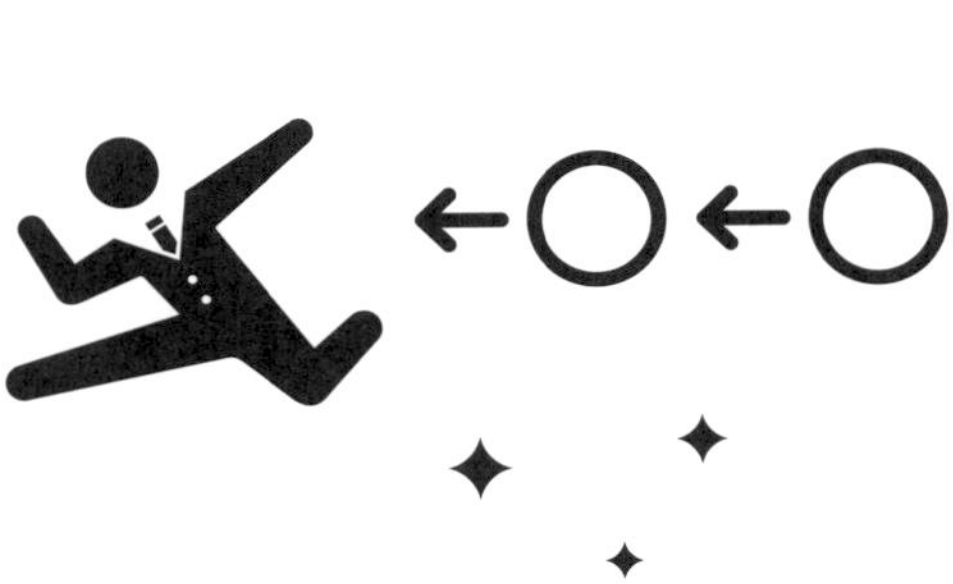

段取り上手は、
最小の力で最大の成果を得る。
そんな「ミニマム思考」が身についている。

仕事は段取りがすべて。
結果ははじめる前の「思考」で
決まるのだ。

はじめに

いきなりですが、質問です。

「今から30分で新規事業のアイデアを出してほしい」

もしも上司から唐突にこんな指示を受けたら、多くの人は戸惑うのではないでしょうか。「そんなのは無理だ」と。

私はかつて、世界最高峰のコンサルティング会社といわれるマッキンゼー・アンド・カンパニーで、コンサルタントとして働いていました。

クライアント企業の問題を解決するのがコンサルタントのおもな仕事ですが、持ち込まれる問題は、一筋縄のものではありません。答えがまったくわからない問題もあれば、状況が複雑すぎてどこから手をつければいいかわからない問題もあります。

それもそのはず、自分たちの会社や組織で解決できるような問題であれば、コンサルティング会社に解決を依頼する必要がありません。

だからこそ、クライアント以上に、クライアントの業界や業務のことを理解し、

「なるほど！　こんな解決策があったのか」とクライアントが思わずひざを打つような答えを導かなければなりません。

しかも、時間は無限にあるわけではありません。

たいていのプロジェクトは3カ月や6カ月単位と決められているので、問題の特定に手間取っていたり、試行錯誤を何度も繰り返していたら、あっという間に期限を過ぎてしまいます。限られた時間の中で、クライアントがあっと驚くような成果を出す。それがコンサルタントに課せられた使命でした。

つまり、仕事の「質」と「スピード」の両方を追求しながら、高いパフォーマンスを出す。これが当たり前な風土。振り返ると、当時、周りは超優秀、天才的な人たちばかり。その中で私は決して超優秀というわけではなく、とんでもないところに入社したと圧倒されつつ、目の前の仕事をどうしたらスピーディーにクオリティー高くこなせるか悪戦苦闘する日々でした。

そして気づくと、その中で「質」と「スピード」を兼ね備えるための思考と技法を叩き込まれていました。実際、数カ月で仕事の「質」と「スピード」は格段にアップし、繰り返し叩き込まれたことで、いつのまにか習慣にまでなってしまったと感じています。

同じことは、私が出会ってきた優秀なビジネスエリートにもいえることです。私はマッキンゼーを卒業してからは、エグゼクティブコーチ・組織開発コンサルタントとして、多くの優秀なビジネスエリートに出会いましたが、彼らにもあてはまる共通点といえます。

また、彼らは仕事を楽しんでいたのも共通点。最も重要なことに集中しながら、それを楽しんでいるのです。仕事にワクワクしているからこそ、そのエネルギーが仕事に乗っかり、まわりの人や顧客を惹きつけているとも感じています。

もちろん、実際に「今から30分で新規事業のアイデアを出してほしい」といった無茶な指示をされるケースはまずないでしょう。

しかし、仮にマッキンゼーのコンサルタントや仕事のできるビジネスエリートが、このような指示を受けたら、最初から投げ出すことはありません。もし本当に30分という限られた時間しか残されていないのであれば、その中で、最高のアイデアを出そうと、頭をフル回転させるはずです。そして、30分という短い時間であっても、それなりのクオリティーの高いアイデアを導き出すことでしょう。

なぜなら、限られた時間の中で、最高の質のアウトプットを出す思考法が存在するからです。私は、これを「ミニマム思考」と呼んでいます。

「ミニマム思考」とは、価値を生み出す最も重要なことに集中して、最小の力でそれを成し遂げる思考法のこと。

ミニマム思考ができる人は、仕事に取りかかる前に、集中すべき最も重要な仕事を明確にして、それ以外を「捨てる」。だから、あらゆるムダを省くことになり、最小の力で最大の結果を手にすることができます。つまり、ミニマム思考を実践できる人にとって、**仕事の結果は「はじめる前」に決まっている**といえるのです。

本書では、私がマッキンゼー時代に一緒に働いてきた優秀な上司や同僚、さらにはビジネスの最前線で出会ってきたエリートたちから学んだことをベースに、私のコンサルタントとしての経験を加えたうえで、限られた時間で、最高の質のアウトプットを出すための仕事の「段取り」を紹介します。これはマッキンゼー入社後3カ月で叩き込まれる基本技術です。

本書は次のような構成になっています。

第1章では、最小の力で最大の結果を得るための「ミニマム思考」の概要を説明します。ミニマム思考ができているかどうかで、仕事の段取りはもちろんのこと、結果も大きく変わってきます。

第2章では、「ミニマム思考」を実践するうえで必要不可欠な「仮説」について解説します。精度の高い仮説を立てることによって、仕事のスピードも質もアップします。

第3章では、段取りよく仕事を進めていくための土台となる「全体設計」について述べます。仕事の全体像を描き、モレなく、ダブりなく仕事を設計することで、仕事の質が向上することになります。

第4章では、「アウトプット」を意識して仕事をすることの大切さを説いていきます。仕事をはじめる前に最終成果物をイメージできているかどうかが、仕事のスピードと質を左右します。

第5章では、「ミニマム思考」をさらに追求し、今までよりワンランク上の段取りをするための方法について、3つの注力ポイントをお話しします。

第6章では、「五感」を研ぎ澄ますための習慣を紹介します。ミニマム思考で成果を上げるには、雑多な情報や作業の中から何が最も重要であるかを見極め、そして精度の高い仮説を立てることが大切です。そのためには、五感を感度のよい状態に保っておく必要があります。

「最小の力で最大の結果を得る思考法と段取り」は、仕事はもちろんのこと、人生の時間を豊かにする一生モノのツールです。ぜひこの機会に身につけていただければ、著者としてこれほどうれしいことはありません。

大嶋　祥誉

Contents

仕事の結果は「はじめる前」に決まっている

Chapter 2

あらゆる仕事に「仮説」をもつ

Chapter 3

「全体設計」が最短のルートを示す

Chapter 4

「アウトプット」がバリューを左右する

Chapter

5 ワンランク上の超・段取り術

Chapter

6

結果が変わる！「五感」を研ぎ澄ます習慣

編集協力／高橋一喜
本文デザイン・図版／ムーブ

Chapter 1

ミニマム思考
——最小の力で最大の成果を得る

Section 01

成果を出す人は「捨てる」ことをためらわない

来 週月曜日までにクライアントに提出する企画をまとめてほしい」

上司からの指示を受け、企画をまとめるために、まずは情報収集に取りかかる。インターネットや書籍などを頼りに片っ端から役に立ちそうな情報を引っ張ってきて分析開始。

通常業務を抱えながらの作業なので、昼間は営業や会議をこなし、情報収集や分析に集中できるのは夜。「時間が足りない」というプレッシャーに押しつぶされそうになりながら連日の残業……。結局、企画書をまとめる時間が足りず、週末に休日出勤して仕上げました。

なんとか週明けの月曜日に企画書を提出できたものの、上司から返ってきた言葉に打ちのめされることになります。

「なんか違うんだよな。この企画、面白くない。明日までに違う案を出して」

結局、徹夜で新しい企画書を書き直すことに……。多くの人がこれに似たような経験をしているのではないでしょうか。

必要最小限のエネルギーで、最大の成果を生み出す

あなたの仕事ぶりを振り返ってみてください。

「忙しいばかりで仕事の成果が出ない」

「一生懸命やっているのにお客様や上司から評価されない」

「いつもバタバタしていて、締め切りギリギリ、または間に合わない」

ひとつでも思い当たることがあるなら、仕事の段取りが悪いと言わざるを得ません。
そんな人におすすめしたいのが、「ミニマム思考」です。
ミニマムとは、「最小、最小限」といった意味。つまり、ミニマム思考とは、最小の力で最大の成果を出すための思考法です。

ミニマム思考は、より多くのことをやろうとしない。最も重要なことにフォーカス

して、成果を生み出す考え方のことです。自分の時間とエネルギーを最も効果的かつ最小限で配分する考え方ともいえるでしょう。

たとえば、太陽の光を想像してみてください。通常、太陽の光はあらゆるところを照らして分散しています。しかし、虫眼鏡を使って太陽の光を一点に集めると紙をも燃やすエネルギーになります。同じように、あれやこれや多くのことを抱えていると、エネルギーはあらゆる方向に分散してしまいます。しかし、ひとつの方向にフォーカスすると、その力は強力になり、速く進みます。

エネルギーを一点に集中することで、必要最小限のエネルギーを使って、最大の成果を生み出すことができるのです。

ミニマム思考ができる人は、多くの仕事を抱えません。**フォーカスすべき最も重要なことがわかっていて、それ以外を「捨てる」ことができる人。そんな人が最小限の労力で、最大限の結果を出すことができます。**まさに「究極の段取り術」ということができます。

Section
02

「質×スピード」を高める
ミニマム思考

私はリーダーやビジネスパーソンに、「今、集中すべき最も重要なことは何か？」という問いをしばしば投げかけますが、マッキンゼーのコンサルタントをはじめ、ビジネスの第一線で活躍する人に共通することは、この問いに即答できるということです。つまり、最も重要なことは何かを明確に把握しているということです。彼らはそこに集中するのでムダなく最小限の労力で成果を上げるのです。

このようなミニマム思考によって仕事の段取りをすることで、ゴールに向かって確実に成果を生み出しているのです。

あなたは「今、集中すべき最も重要なことは何か？」という問いに即答できるでしょうか。

できなければ、エネルギーが分散している可能性が高いのです。

現代のビジネスパーソンは、やるべき仕事を山ほど抱えています。限られた人員でたくさんの仕事をこなし、成果を上げていく必要に迫られています。もっともっと生産性の高い仕事をしなければならないと感じ、同時に、そのすべてを完了できるのだろうかと、焦りを感じている人も多いのではないかと思います。

そんな厳しい環境の中で疲弊しているビジネスパーソンを救う新しい考え方、それがミニマム思考なのです。

ミニマム思考で「質×スピード」の両方を追求する

ミニマム思考は、一流の仕事をするうえで必要不可欠です。

先に述べたように仕事の「質」と「スピード」の両方を追求しながら、高いパフォーマンスを出す。これがマッキンゼーでは当たり前でした。

しかし、マッキンゼーを離れてから実感したのは、**多くのビジネスパーソンは、「質」と「スピード」のどちらかに偏った仕事をしている**ということです。

仕事は丁寧で、クオリティーも高いけれど、いつも期限から遅れがちであれば、せっかく仕事のできはよくても台なしです。仕事はチームプレーですから、1人が遅れれば、多くの関係者に迷惑をかけます。

また、多くの職場では、1人でいくつもの仕事を担当するマルチタスクが当たり前ですから、ひとつの仕事を片づけるのに時間がかかれば、仕事全体のパフォーマンスは落ちてしまいます。

反対に、仕事のスピードばかり速くて、質がともなっていないケースも問題があります。

「仕事を早く終える人＝仕事ができる人」ではありません。もちろん、仕事が遅いよりは速いほうがいいのですが、ただ仕事を早く終えても、ミスが多かったり、誰にでもできるクオリティーだと、顧客や上司の評価は下がります。

また、ただ速いだけの仕事は、ある程度経験を積めば誰でもマスターできますから、派遣社員やアルバイト、ＡＩ（人工知能）などに取って代わられてしまうでしょう。

あなたしか思いつかないようなアイデアや、あなたにしかできない行動で成果を生み出す仕事こそが、質の高い仕事といえるのです。

そもそも、速さと質の両方に優れているとは、どういうことなのか？　考察してみましょう。

仕事が速く、その質が高いとは、どのくらい速いスピードで課題を把握し、それを解決して成果を出していくかということです。これが、「生産性が高い」ということの意味です。

早く仕事を進めることと、仕事が速いことは別のことなのです。早くとは、仕事の依頼があってからできるだけ早いタイミングで、その仕事をはじめることです。一方仕事が速いとは、仕事にかかる時間が短いということ。

早くはじめたほうが、もちろんいいのですが、早くはじめること以上に、適切なタイミングで終わらせることのほうが重要です。

適切なタイミングとは、期限までに終えるということです。このタイミングを考えて、仕事は計画したほうがいいのです。

早くはじめようと焦って、結果、質の低い仕事になるより、期限までに終わらせるように逆算して計画したほうが、ずっと質の高い仕事に仕上がります。

よって、速さと質の両方が高い人とは、質の高い仕事を速いスピードで期限までに終わらせる人のことをいいます。それは、質の高さ、つまり成果を見極め、ムダなく行動するということなのです。

そのために最も重要なことは、確実に成果を生み出すことに集中すること。それ以外は捨てるのです。

あなたは、「質×スピード」を兼ね備えた仕事をしているでしょうか。

もしできていないという自覚があるなら、今すぐ「質×スピード」の両方を高める努力をすることをおすすめします。

私は、仕事柄たくさんのビジネスパーソンを見てきましたが、仕事で高いパフォーマンスを出し、評価を集めている人は、ほぼ例外なく、「質×スピード」の両方が備わっています。同時に、人生も仕事も楽しんでいます。

一方、社内でくすぶっている人、まわりからの評価があまり高くない人は、「質×スピード」の両方が足りていないか、「質」と「スピード」のどちらかが欠けています。

ミニマム思考で仕事をすれば、ムダを省き、重要なことにフォーカスできるので、質もスピードも自然とアップすることになります。

経営学者のドラッカーが、ミニマム思考の人とはどんな人なのか、的確に定義しています。

「成果を上げる秘訣を一つだけあげるならば、それは集中である。成果を上げる人は最も重要なことからはじめ、しかも一度に一つのことしかしない」

ミニマム思考の人は、これを徹底します。ミニマム思考を身につければ、「質×スピード」ともにレベルの高い仕事ができるようになるのです。

それでは、ミニマム思考とはどういった要素で構成されているのでしょうか？

本書では、次ページ図のような構造で、ミニマム思考を解説しています。

まず本章では、「ミニマム思考とは何か」、そして「実現すべきバリュー（価値）の決定」についてお話しし、第2章以降で詳細に解説する「仮説」「全体設計」「アウトプットのデザイン」「ワンランク上の段取り術」、そして全体の土台となる「五感を研ぎ澄ます習慣」についても、簡単に触れていきます。

まずは本章でミニマム思考の全体像をつかんだうえで、各章の内容に進んでいただきたいと思います。

ミニマム思考の全体像

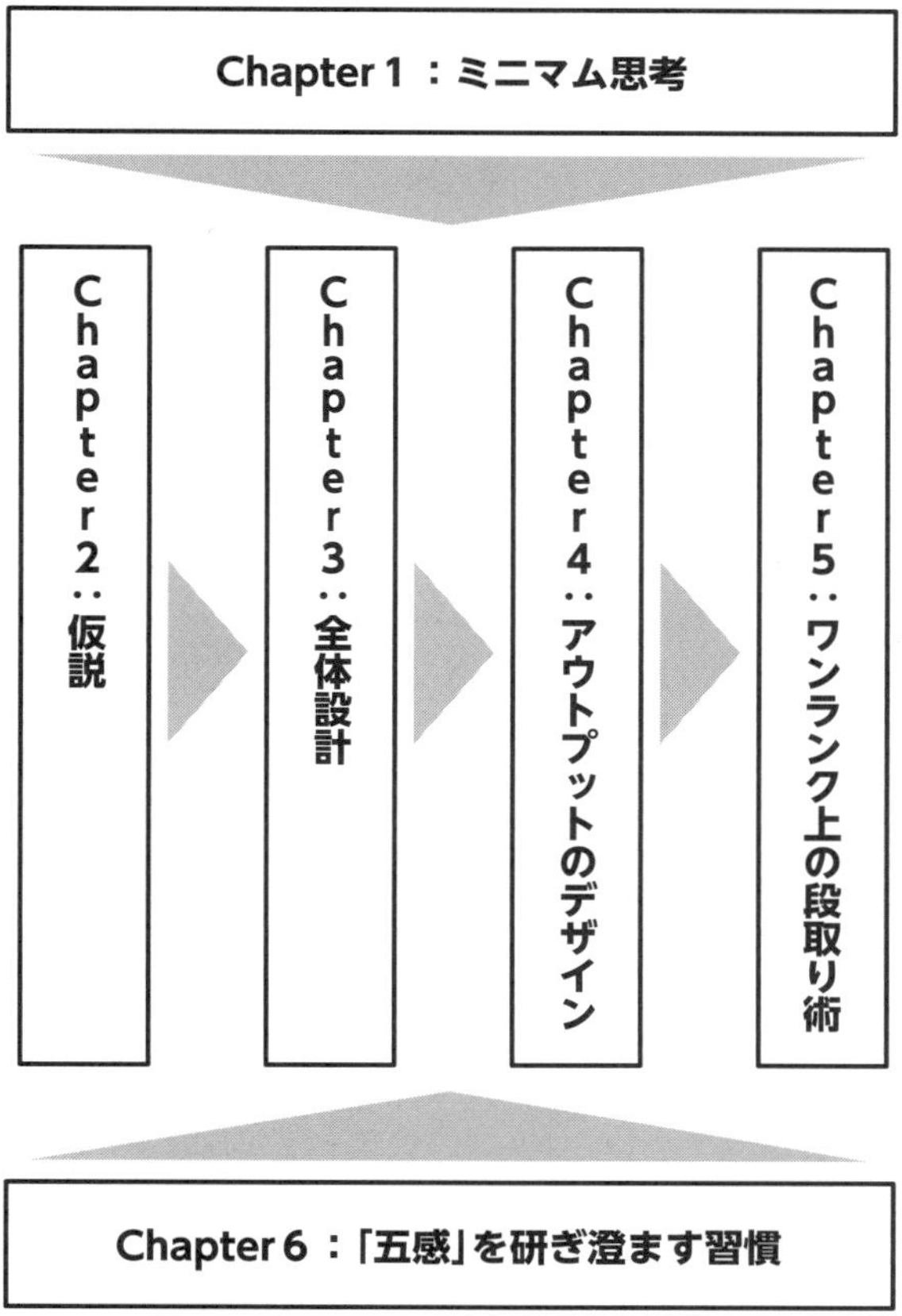
Chapter 1 ：ミニマム思考
Chapter 2 ：仮説
Chapter 3 ：全体設計
Chapter 4 ：アウトプットのデザイン
Chapter 5 ：ワンランク上の段取り術
Chapter 6 ：「五感」を研ぎ澄ます習慣

Section

03

段取りは「バリュー」を決めることからはじまる

あなたは「段取りとは何か?」と聞かれたら、どう答えるでしょうか? 一般的な「段取り」のイメージである、スケジュール管理や時間短縮、コミュニケーション術、効率的な仕事術など、テクニック論を思い浮かべるかもしれません。

本書でも、そうした段取りがよくなるテクニックやスキルについても紹介しますが、それが本質ではありません。

テクニックを駆使することで一時的な効果は上がるかもしれません。しかし、小手先のテクニックをいくら駆使しても、その効果は限定的です。一時的に仕事のスピードは上がっても、質は上がらないというケースがほとんどです。重要なことは思考の質を高めることです。そのうえで段取りのテクニックやスキルを使うのです。

本書における段取りの最大の特徴は、ズバリ思考法にあります。私はこれを「ミニマム思考」と呼んでいます。

ミニマム思考を語るうえで、避けては通れない最も重要な概念があります。

「バリュー(価値)」です。

ここで質問です。

「あなたの提供するバリュー（価値）は何でしょうか？」

即答できる人は、あまりいないのではないでしょうか。なぜなら、多くの人は自分の提供する「価値」について考えたことがないからです。

バリューというのは、文字通り「価値」という意味ですが、もっと平易な言葉でいえば、**自分もしくは相手にとっての「メリット」です。**この仕事をすることによって、自分自身やお客様、仕事相手にメリットがある。それこそバリューのある仕事です。

たとえば、スターバックスコーヒーが提供している価値とは何でしょうか。

家（第1の場所）でも職場（第2の場所）でもない「第3の場所」を提供するというコンセプトにスターバックスの価値の真髄が表されています。つまり、単においしいコーヒーが飲めるカフェではなく、利用者が自由に過ごせる空間を提供することが価値なのです。

禁煙でちょっとおしゃれな空間。そこで、Wi-Fiや電源を無料で使えるのでパソコンで仕事ができますし、友人とのおしゃべりにも使える。また、一人でじっくりと本を読むこともできます。おしゃれな空間で知的な活動や遊びの体験ができるというのが、スターバックスの価値。このような価値を提供するカフェ空間は、それまでは存在していませんでした。

一方、最近モーニングサービスなどで人気を集める「コメダ珈琲店」の価値は何でしょうか。「誰もがくつろげる『街のリビングルーム』でありたい」という会社のコンセプトにもあるように、まるで自宅にいるような居心地のよさがコメダ珈琲店の提供している価値。漆喰《しっくい》をモチーフにした壁、天井の木材、本物のレンガなどを使った店舗は、ぬくもりが感じられ、どこか「昭和」の時代を彷彿とさせるなつかしさがあります。だから、利用者は気軽な服装やスッピンでふらっと店舗に来て、リラックスすることができるのです。

両者が提供している価値とは、コーヒーという商品そのものではなく、コーヒーと一緒に体験する空間。これに顧客は「いいね」と満足し、人気のカフェとして成長したわけです。これがバリュー（価値）です。

バリューとは、「こんなものがあったらいいな」や「こんな悩みが解決したらいいな」に応えるということともいえます。

あなたの仕事はバリューを出しているか

マッキンゼーでのバリューは、「クライアント・インタレスト・ファースト」。つまり、顧客の利益を最大化することでした。常に顧客の利益を最大化するために、自分が生み出すバリューは何か？　を問われ、自問自答していました。当時、クライアントがハッとするような仮説を見つけて検証すること、現場から新しい知見につながる生の情報を集めることを、自分の仕事のバリューと決めて、いつも意識していました。仕事におけるバリューに正解はありません。それぞれの仕事に異なる価値があり、答えはひとつではありません。

バリューとは仕事の当事者が、顧客にとってのバリューは何かを、自分自身で見つけ出すと決めることです。ワクワクと感じ、ぐっとくる価値を見つけること。そしてそれを楽しむことです。なぜなら、ワクワク感や楽しみは、必ず伝わっていくものだからです。

企画書を作成するときのバリューは、顧客（あるいは上司）に「この企画書と自分を必要だと思ってもらうこと」かもしれませんし、接客の仕事であれば、「お客様にここで商品を買ってよかったと感じてもらうこと」かもしれません。

たとえば、飲料メーカーの企画担当者が、新商品を開発するときのバリューは、「疲れた脳にエネルギー補給できて、かつおいしいコーヒーを飲みたいというお客様のニーズを満たすこと」かもしれません。

ミネラル・ウォーターの「い・ろ・は・す」（日本コカ・コーラ）は、環境にやさしいボトルというバリューのもとに開発された製品。水の産地という「質」をバリューとして訴求する多くのミネラル・ウォーターとは異なるバリューを打ち出しているのです。「い・ろ・は・す」のペットボトルは軽量で、そのため、購入すると二酸化炭素削減という環境問題に貢献できるというわけです。

クリエイティブな仕事にかぎらず、どんな仕事にもバリューは存在します。バリューを見つけて、提供することを楽しむことができます。

オフィスでお茶を淹《い》れる仕事にもバリューがあります。どんなバリューが考えられますか？

「おいしいお茶で会議の参加者の気持ちが和み、効果的な話し合いができるように促すること」というバリューを提供すると決める。おいしいお茶を淹れて、会議がスムーズに進むようにベスト・タイミングで提供する。こんな「おもてなし的お茶出し」も大切なバリューになりえるのです。バリューを見出すと、お茶出しも楽しい仕事になる可能性があると思いませんか。

ミニマム思考の人は、「何をしているか」ではなく「どんなバリューを生み出しているか」で仕事を進めます。そして、バリューを生み出すことを、ワクワクして楽しみます。そのバリューに乗って、ワクワクする楽しさが顧客にも伝わるのです。

バリューを意識すれば結果も変わる

与えられた仕事に対して、「どんなバリューを出すべきか」を常に意識することによって、集中すべき重要なことが見えてきます。

たとえば、「60代男性にワクワク感を体験してもらえるような機会を提供することがバリューになる雑誌を創刊する」のであれば、60代男性がどんなことにワクワクするか情報収集をし、それを分析するはずです。少なくとも若者の嗜好や流行について情報収集することはないでしょう。

バリューが明確になっていない仕事は、ムダが多く迷走することになります。当然、結果も出ません。

たとえば、城の建造に必要な石材を切り出す仕事に従事しているとします。このとき、「白で統一された世界一の美しさで感動を与えること」がバリューになる城をつくることを最初から意識できていれば、白くて見栄えのする石を選んで切り出すに違いありません。しかし、事前に仕事のバリューを意識することなく作業をはじめてしまえば、石の色にこだわらず、手当たり次第に石を切り出してしまうでしょう。

バリューが明確になっている仕事は、やるべきことの道筋がはっきりと見えているので、仕事をはじめる前にレベルの高い結果を得られることが予想できます。もっといえば、**仕事の準備の段階で結果は出ていると言っても過言ではありません。**

あなたが今、取り組もうとしている仕事のバリューは何ですか?

もし即答できないなら、その仕事が迷走するのは必至。まずは立ち止まってバリューを明確に決めることからはじめる必要があります。

Section
04

バリューはすべて「仮説」から生まれる

——仮説を立てる技術

仕事で結果を出すには、最初にバリューを決めたら、そのバリューを実現するために具体的な段取りを組んでいく必要があります。当然、その段取りもミニマムを意識し、最小の力で最大の成果を得られるようにするのです。

バリューを出すための段取りを組んでいくうえで必要不可欠な技術が3つあります。

①仮説を立てる技術（第2章で詳細に解説）
②全体を設計する技術（第3章で詳細に解説）
③アウトプットをデザインする技術（第4章で詳細に解説）

この3つの技術がミニマム思考の基礎となるのです。

これらの技術を身につけたうえで段取りをすることによって、バリューを出し、仕事の質とスピードの両方を同時にアップさせることができます。また、どんな業界・業種の仕事にも応用できる考え方なので、あらゆる仕事でコンスタントにスピーディーに質の高い成果を出すことが可能になります。

次ページから3つの技術を簡単に見ていきましょう。

まずは、①仮説を立てる技術から。

コンサルタントがクライアントから依頼されるのは、「売上が伸びない」「収益性が悪い」「新規事業を立ち上げたい」といった自社では解決困難な大きな問題ばかりです。

クライアントのほうから「○○が問題だから、××してほしい」という具体的な問題点や解決策が示されることはありません。したがって、コンサルタントが、その会社が抱えている問題を把握・分析し、その問題を解決するための核心的な課題を見つけ出すことになります。

何が最も重要な課題か――。このような問題解決のキーとなる真の問題のことを「イシュー」といいます。イシューを見つけ出して解決することは、クライアントにとって大きなブレイクスルーになります。そのため、コンサルタントにとっては、このイシューを解決することが目指すべき「バリュー」となることがほとんどです。

しかし、「売上が伸びない」とひと口に言っても、その要因はさまざま。製品そのものに競争力がないのかもしれませんし、ターゲットとする販売対象がずれているのかもしれません。それこそ何十、何百と要因は考えられます。

だからといって、片っ端からそれらの要因を検証していたら、いくら時間があっても足りません。企業を取り巻く環境はたえず動いていますから、数カ月間の限られた期間で、最も重要な課題を発見し、それに対する解決策を提案しなければなりません。

そこで、何が最も重要な課題であるか目星をつけてから、問題を深掘りしていきます。過去の事例や報告書を読み込んだり、経験を積んできたまわりの先輩やプロフェッショナルの意見を聞いたりして、売上が伸び悩んでいる原因を探り当てていきます。

その結果、真の問題が「特定の営業マンに売上が偏っていて、全営業マンに営業スキルが浸透していないこと」にあると目星をつけたとします。そのイシューを解決できれば、売上が伸びてクライアントにバリューをもたらすことができます。

イシューを見定めたら、それを解決するための方法論を考えることになります。つまり、**「こうすればイシューを解決できるのではないか」という仮説を立てるのです。**

先のケースでいえば、「営業ノウハウをインターネット上で共有すれば、全体的に売上の底上げができるのではないか」という仮説を立てれば、営業ノウハウの共有に絞って、問題解決策を講じることができます。

もちろん、設定した仮説が正しいとはかぎりません。仮説は、バリューを生み出すための「仮のアイデア」です。もっと平たく言えば、仮説は「こうであったらいいな」という個人の願望です。願望ですから、外れることもあります。検証の結果、売上が伸びなければ、次の仮説を立てればいいのです。

仮説を立てて検証し、結果が出なければ、次の仮説を立てて検証する。これが「仮説を立てる技術」です。

最初から確度の高い仮説（高い確率で成果につながる仮説）を立てられる方法論とツールをもっていると、短い時間で大きな成果を出せます。そのノウハウとツールについては後述しますが、確度の高い仮説と検証をハイスピードで繰り返しながら仕事を進めることによって、スピードと同時に仕事の質を担保することができるのです。「仮説」が有効なのは、長期間に及ぶ大きなプロジェクトだけではありません。仮説を立てる技術が身についている人は、日々の仕事の中でも自然と仮説を設定しながら段取りを組んでいます。

営業先へ提案をするときには、「営業先が抱えている課題を解決する方法」について仮説を立てたうえで、その解決策を提案します。企画書をつくるために情報収集をするときも、「このようなテーマで企画書を作成する」という仮説をもっています。

また、社内の会議でも、「この会議で出さなければならない結論」について、自分

「仮説」と「検証」の繰り返しがバリューを生む

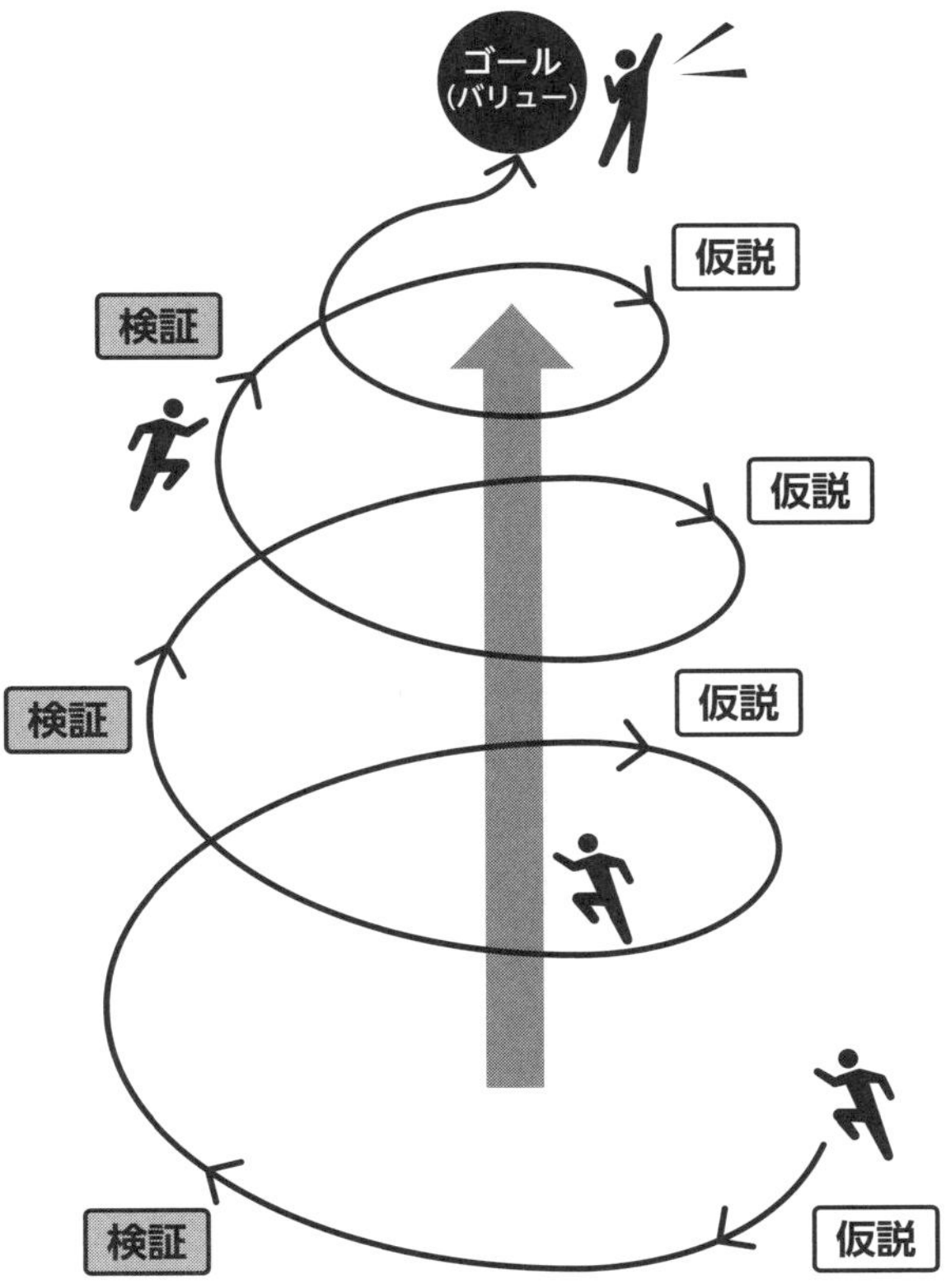

仮説と検証を高速で繰り返すことで、
「質 × スピード」の仕事を実現できる

なりの仮説をもって参加します。このように「当たり」をつけることによって、どんな仕事でも「質×スピード」を兼ね備えた仕事を実践することができるのです。

仮説を立てるために質問する

仮説はバリューを生み出すための仮のアイデア。そう定義すると、バリューと仮説はコインの裏と表の関係にあります。したがって、実際のビジネスの現場では、バリューと仮説は、ほぼ同時進行で考えていくことになります。

「はじめに」の中で、「今から30分で新規事業のアイデアを出してほしい」と上司に言われたらどうするかという質問をしました。ミニマム思考をする人なら、まずはバリューを見定めると同時に、仮説を立てることにフォーカスするに違いありません。

30分というごく短い時間しか残されていませんから、あらゆる可能性を模索するのは不可能です。アイデアをまとめる前に、ある程度、「この方向性でいく」と当たりをつけておかなければ、あっという間に30分は過ぎてしまいます。

「今から30分で新規事業のアイデアを出してほしい」と言われた人が、スイーツ（お菓子）の開発をしているとしましょう。

スイーツの新しいアイデアといっても、選択肢はいくらでもあります。思いつきでアイデアを挙げることはできるかもしれません。しかし、それが市場や上司が求めているアイデアとはかぎりません。

そこでミニマム思考の人は、最初の10分で仮説を立てることに専念します。

そのためにできることは何でしょうか。もちろん、市場調査などをしている時間はありませんから、**指示を出した上司に質問をすることが、いちばん早くバリューを認識し、筋がいい仮説を立てるための方法といえます。**

たとえば、上司から「50代男性が占める売上シェアが低い」という話を聞き出せれば、50代男性にウケることがバリューになり、「50代男性にウケるスイーツを提案できないだろうか」というのが仮説になると当たりをつけられます。この仮説があればアイデアを絞ることができますし、上司を納得させられるアイデアを提案できる可能性が高まります。

ミニマム思考の人は、バリューと仮説という、フォーカスすべき最も重要なことを明確にします。バリューと仮説の設定がミニマム思考の第一歩となるのです。

Section 05

鳥の目で仕事の全体像を見る

——全体を設計する技術

仮説を立てたら、その仮説が正しいかどうかを検証しなければなりません。そのために、私たちコンサルタントは必要とされるさまざまな情報を収集したり、現場に足を運んで自分の目で見て、聞いて、体験したりします。また、アンケートをとったり、関係者にヒアリングをしたりといったことも日常的に行います。

たとえば、新しい形態のカフェを展開するプロジェクトに携わったとき、もともとこのカフェは、あるスイーツを売りに展開して成功していたので、そのスイーツを売りにしたカフェを展開できないかというテーマでした。しかし出店を予定している地域はカフェの激戦区だったので、私が考えたのは、「このスイーツを朝食で売れないか」という仮説でした。

それは、朝食はパン派という人が増えていたのと、ふと「ホテルの朝食でホットケーキを食べていると、幸せな気分になるなあ」と思い出したことがきっかけでした。

しかし、当時、スイーツは食間に食べるものという前提もあり、本当に朝食でいけるのかを検証する必要がありました。

そこで、現場、つまり朝食を出している場所に行ってヒアリングとアンケートを実施しました。結果、パンの代わりに、手軽にどこでも朝食として食べられるマフィン風のものがいけそうだとわかってきました。こうしたプロセスが、「仮説を立てたら、次は検証する」ということです。とにかく徹底的に現場で情報収集して、仮説が正しいかどうかを確かめるのです。そして、その結果、仮説が間違っていなければ、その仮説を実行するステップに進んでいきます。

仮説を検証していく段階では、目の前の思いついたことから、やみくもに作業を進めていくわけではありません。

行動に取りかかる前に、全体の設計図をつくります。つまり、**「バリューを出す」というゴールに向けて、全体から鳥の目で俯瞰できるような「地図」を描くのです。**

段取りが悪い人は、たいていこの「地図」をもっていません。目の前のことや思いついたことから作業をはじめてしまうので、重要な作業を後回しにしたり、やらなければならない作業を忘れてしまったりします。

ミニマム思考の人は、最初に全体像を把握して、常にそれを意識して仕事を進めます。これが全体を設計する技術です。

コンサルタント時代に、これを叩き込まれたおかげで、それがいつしか習慣となり、今では常に、今の仕事が全体のどの部分なのか、自然に意識するようになっています。

先述した「50代男性にウケるスイーツを提案できないだろうか」という仮説に戻ると、この場合であれば、それを検証するための作業を事前にすべてピックアップします。たとえば、「50代男性のスイーツ市場調査」などは欠かせない作業です。また、競合の動向や自社のリソースの調査なども必要でしょう。

やるべきことを実際に設計図に落とし込めば、必要な時間が見えてきますし、優先すべき仕事も見えてきます。作業のヌケやモレを防ぐこともできるので、あとで「あれをやっていなかった！」とあわてることもなくなります。

「今から30分で新規事業のアイデアを出してほしい」というケースでは、さすがにじっくりと設計図をつくっている暇はありません。しかし、頭の中にやるべきことの設計図をなんとなくでも描く思考が身についていれば、30分のうち15分を使って、「50代男性にウケるスイーツのアイデアをできるだけたくさん出すこと」、そして、「社内の自分のまわりにいる50代の人最低3名、できれば15名くらいに、どんなときにスイーツを食べているのかや、出てきたスイーツのアイデアを食べてみたいかなど、さっとヒアリングして検証してみること」が優先事項だとわかります。

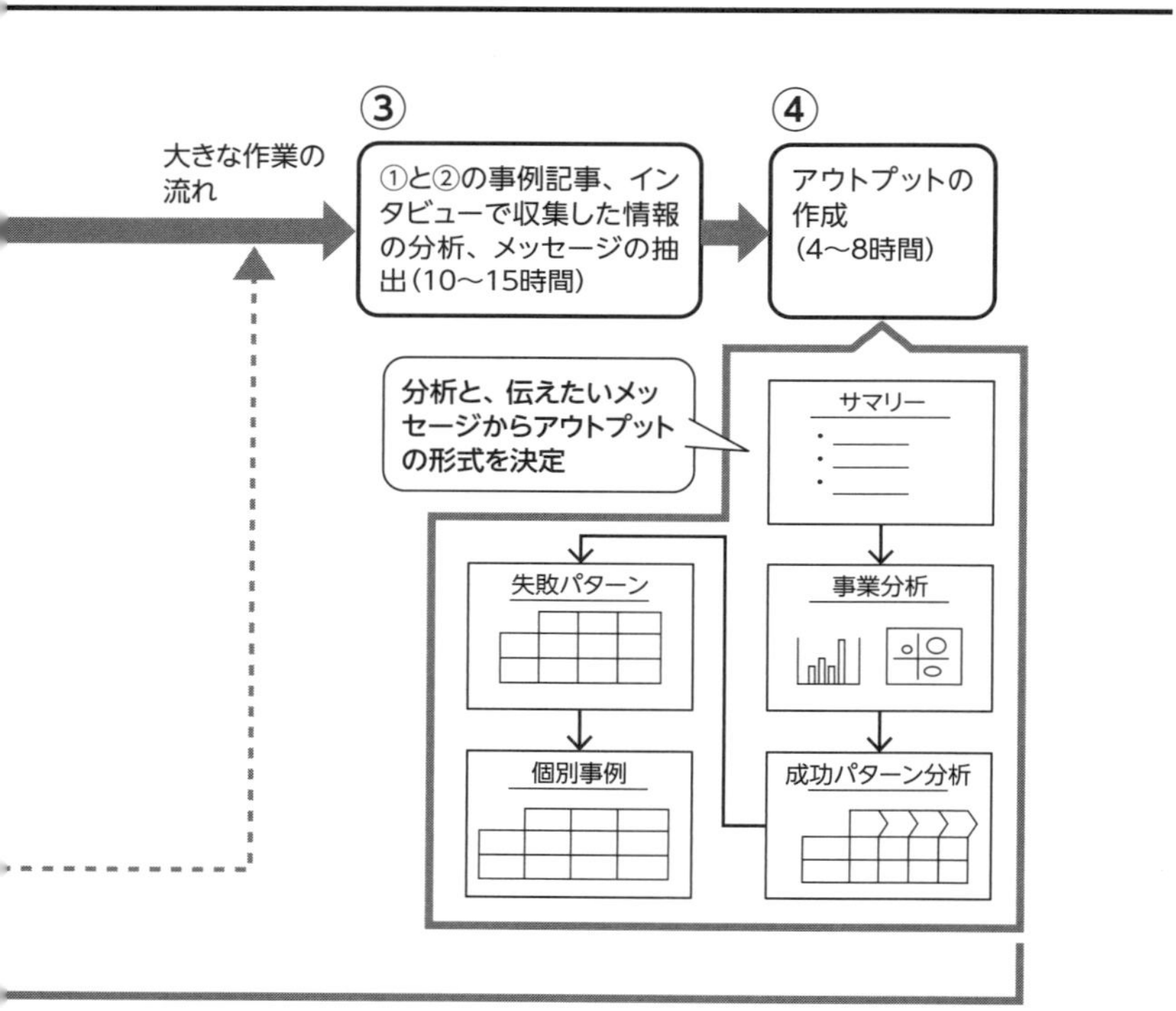
③
④
大きな作業の流れ
①と②の事例記事、インタビューで収集した情報の分析、メッセージの抽出(10〜15時間)
アウトプットの作成(4〜8時間)
分析と、伝えたいメッセージからアウトプットの形式を決定
サマリー
事業分析
失敗パターン
個別事例
成功パターン分析

全体設計図のイメージ

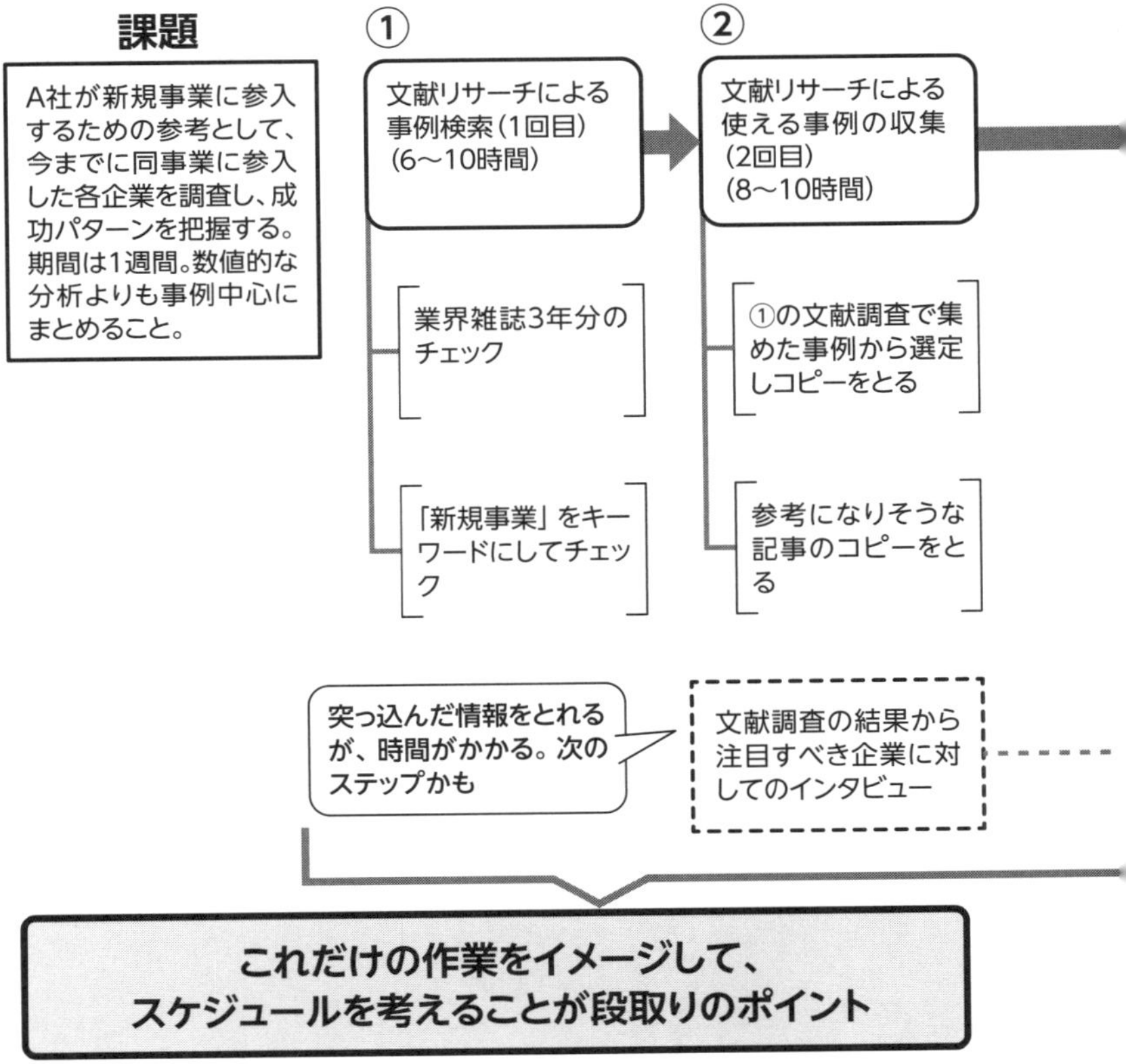
課題
A社が新規事業に参入するための参考として、今までに同事業に参入した各企業を調査し、成功パターンを把握する。期間は1週間。数値的な分析よりも事例中心にまとめること。
①
文献リサーチによる事例検索（1回目）（6〜10時間）
業界雑誌3年分のチェック
「新規事業」をキーワードにしてチェック
②
文献リサーチによる使える事例の収集（2回目）（8〜10時間）
①の文献調査で集めた事例から選定しコピーをとる
参考になりそうな記事のコピーをとる
突っ込んだ情報をとれるが、時間がかかる。次のステップかも
文献調査の結果から注目すべき企業に対してのインタビュー
これだけの作業をイメージして、スケジュールを考えることが段取りのポイント

Section 06

最終成果物をイメージする

——アウトプットをデザインする技術

どんな仕事にも期限があります。「いつでもいいからやっておいて」という仕事は存在しません。

あるとすれば、それは価値のない仕事の可能性が高いでしょう。ですから、やってもやらなくても仕事の成果や評価には結びつかないはずです。

一流の仕事人は、限られた時間の中で最高のパフォーマンスを出します。

たとえば、一流といわれるサッカー選手は、前後半90分という時間の中で結果を出します。得点できないからといって、「あと5分延長してほしい」などとは言えません。90分という限られた時間の中で、ゴールという成果を生み出せるから、一流のサッカー選手として活躍できるのです。

将棋のプロ棋士も、対局では、それぞれ考えるためのもち時間があり、無制限に次の一手を考えることはできません。どんなにすばらしい手を考えても、時間がオーバーしては意味がないのです。もち時間内で最高の一手を導き出し、相手に「まいりました」と言わせる必要があります。

一流の料理人も同じ。お客様を2時間も3時間も待たせるわけにはいきません。注文を受けてから数十分の間で最高の料理を出さなければ、お客様を満足させることはできません。

仕事をはじめる前に明確にゴールをイメージする

ミニマム思考ができる人もまた、限られた期限の中で、最高のパフォーマンスを生み出します。たとえば、マッキンゼーのコンサルタントなら、約3カ月から6カ月という決められた期限の中でクライアントを納得させるような成果を出します。ミニマムに考えて行動することを徹底的に訓練されるのです。

そのために、**仕事に取りかかる前からゴールイメージを描くことが重要です。**

ゴールが決まっていれば、そこから逆算して作業の段取りを組み、全体設計図を描くことができます。

ゴールがはっきりしていると、やるべきことも明確になります。つまり、〝今〟集中すべきことが明確になるということ。

一方、ゴールが定まっていなければ、手当たり次第に作業をし、必要ではない作業までせざるをえなくなります。すると、短時間で最高のパフォーマンスを得ることはむずかしいでしょう。

全体設計を描き、常に描いた全体像を意識して作業することで、仕事のムダがなくなり、質とスピードは格段に向上します。

たとえば、マッキンゼーのコンサルタントであれば、明確な最終アウトプット（最終成果物）のイメージをもっています。具体的には、クライアントへのプレゼンテーションで発表するためにまとめる数十枚の「資料」こそが最終成果物となります。

もちろん、仕事に取りかかる時点では、資料の中身まではイメージできていないことがほとんどですが、「最終的に30枚程度で資料をまとめて、クライアントに喜んでいただく」といったバリューを実現するゴールイメージをもっています。

このようにゴールや最終成果物を意識しながら仕事をするには、アウトプットをデザインすることが必要になります。

これは、どんな仕事にも求められる技術です。

「自分の最終アウトプットは何か？」

この問いに明確に答えることができるようにすること。そして、常にそれを意識して、今の作業が全体のどの部分の作業なのか、その作業が最終アウトプットにつながる作業なのかを把握して作業を進めるのです。

あなたが営業マンであれば、お客様に商品・サービスを買ってもらう状態が最終成果となり、企画を立てるのが仕事であれば、企画書そのものが最終アウトプットとなるでしょう。商品のキャンペーンを打つプロジェクトが仕事であれば、それによって商品が売れることが最終成果物になります。

成果は「空・雨・傘」でまとめる

「今から30分で新規事業のアイデアを出してほしい」と指示された場合、ミニマム思考の人は、まず最終アウトプットをイメージしてから、アイデア出しに取りかかります。

与えられた30分のうち、最終アウトプットとしてまとめる時間はせいぜい5分程度。大量の資料を用意している余裕はありません。

こうしたときに役立つのが、フレームワーク。「思考の型」と言い換えてもいいでしょう。

マッキンゼー時代、解決策を打ち出すときに、「空・雨・傘」というフレームワークを活用することを徹底させられました。

出かける前に空を見上げたとき、真っ黒な雨雲に覆われているという「事実」があったとしたら、普通の人は雨が降ってきそうだと「解釈」します。そして、傘をもって出かけるという「行動」をとるでしょう。

- **空……現状はどうなっているか（事実）**
- **雨……その現状が何を意味するか（解釈）**
- **傘……その意味合いから何をするのか（行動）**

このように「空・雨・傘」のフレームワークを用いることは、現状の分析や検証を経た解決策を論理的に伝えられるため、説得力をもったアウトプットとなります。

したがって、マッキンゼーのコンサルタントであれば、「今から30分で新規事業のアイデアを出してほしい」と言われた瞬間に、**「空・雨・傘」でまとめようとアウトプットをイメージし、仮説の検討や全体設計を進めていきます。**

そして、最終的に次のように「空・雨・傘」でまとめた資料を上司に提出するでしょう。

・空……50代男性の売上シェアが少ない
・雨……糖尿病など生活習慣病を気にする年代だから
・傘……糖分を抑えたスイーツの開発

こうしたフレームワークを最終的なアウトプットのイメージとして段取りを進めれば、思考のスピードは上がり、相手を納得させるアイデアを出すことができます。つまり、「質×スピード」を兼ね備えた仕事が可能になるのです。

「空・雨・傘」のアウトプット

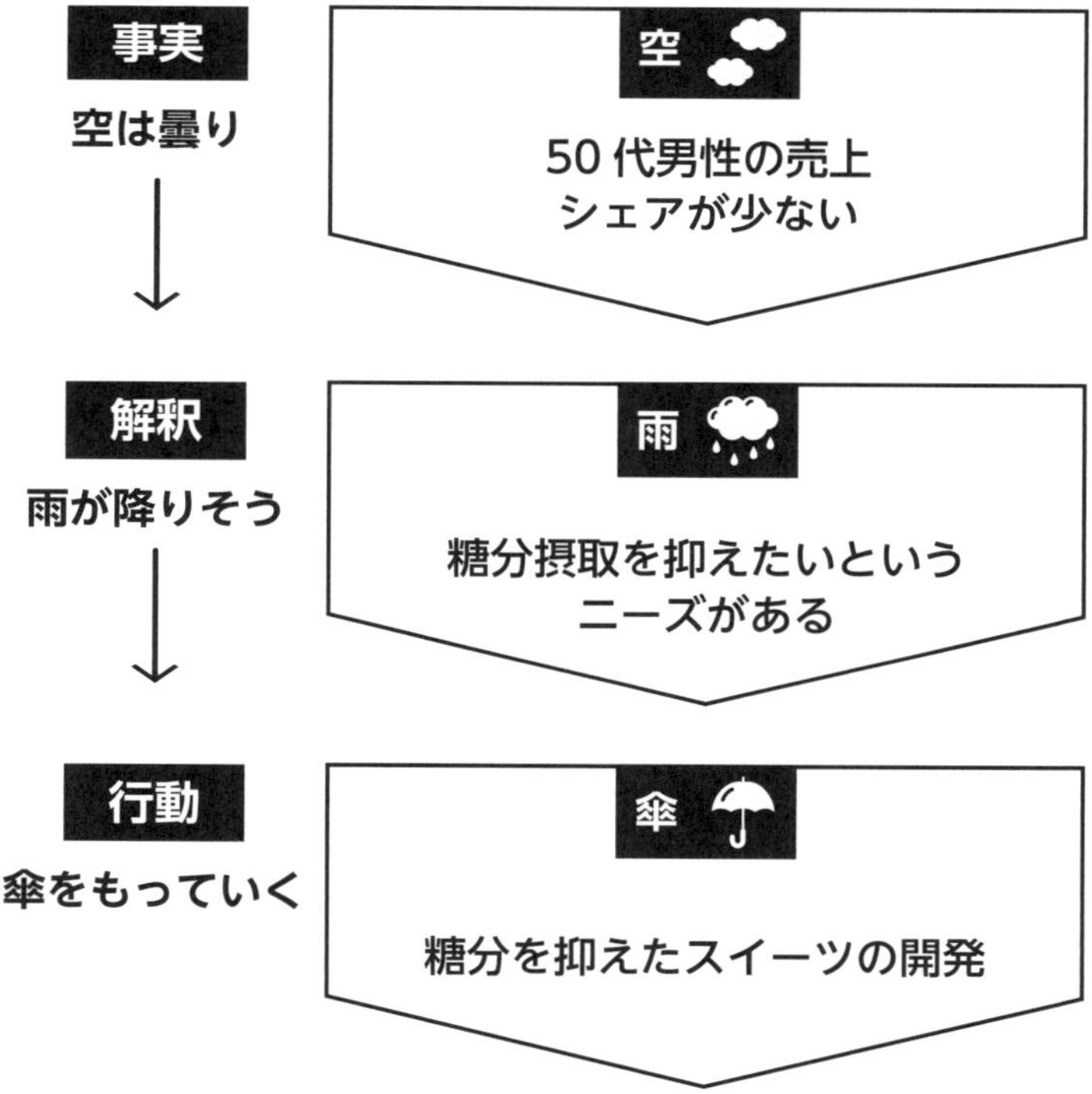
事実
空は曇り
空
50代男性の売上
シェアが少ない
解釈
雨が降りそう
雨
糖分摂取を抑えたいという
ニーズがある
行動
傘をもっていく
傘
糖分を抑えたスイーツの開発

アウトプットのイメージがあると
ミニマムに考えられる

Section
07

ワンランク上の超・段取りは「流れ」×「スキル」

ミニマム思考は、「仮説を立てる」「全体を設計する」「アウトプットをデザインする」という3つの技術から成り立っていますが、これらを実践していくうえでは、どのような手順で最終成果物を出すかという具体的な「段取り」が必要になります。

みなさんは、「段取り」と聞いてどんなことをイメージするでしょうか。

段取りには、大きく分けて2つの種類があります。

ひとつは、**ゴールに向けた「流れ」としての段取り。**

仕事やプロジェクトは、いくつかのプロセスによって成り立っています。その道のりを明確にし、段取りを最終成果物までの地図ととらえることによって、ミニマムに仕事を完遂できます。

こうした考え方を実践するために必要となるのが「全体を設計する」「アウトプットをデザインする」といった技術なのです。

もうひとつは、**1個1個の作業の質とスピードを上げるための段取り。**

たとえば、資料の束をコピーするとき、1枚ずつではなく、ソート機能を使ってまとめてコピーすることによって作業の効率と効果は上がります。これらは作業そのもののスピードを上げるための「スキル」といえます。

多くの人は、段取りというと後者のスキルをイメージしがちですが、質とスピードを同時にアップさせるには、流れとしての段取りを意識しなければなりません。

ミニマム思考ができる人は、目標を達成するための最短の「流れ」を意識しながら、そのうえで段取りを組んでいきます。

小手先のスキルだけが「段取り」ではない

仕事は「流れ」の中でこなしていくものです。一つひとつの作業は、最終的な成果物に到達するためのステップにすぎません。

たとえば、営業の仕事でも、アポ取りだけが仕事ではありません。そのあとに、顧客を訪問したり、提案書を書いたり、アフターフォローをしたりといったステップを踏まなければなりません。ひとつだけで完結する作業はないのです。

したがって、ひとつの作業をスピードアップさせるスキルを学ぶことも大切ですが、

「流れ」としての段取りを意識しなければ、質×スピードは向上しません。

たとえば、インターネットなどの情報から「仕事の速い人はメールが届いた直後に返信する」ということを知って実行する人がいます。

学んだことをすぐに実行に移すことは称賛されるべきですが、それは小手先のスキルにすぎません。届いたメールに対して律儀に即レスポンスをしていたら、他の作業が中断して集中力が途切れ、かえって仕事の進捗は遅れ、質も低くなってしまうおそれがあります。

なんでもかんでもすぐに返信するのではなく、すぐに返信すべきメールと後回しにしてよいメールを振り分けたり、返信する時間のルールを自分で決めたりするなど、仕事全体の段取りの中で、スキルとしての段取りを活用していく必要があるのです。

流れとしての段取りを意識するためにも、全体設計図で仕事の全体像を把握しておく必要があります。仕事の全体像を意識できていれば、今、フォーカスすべきものが見えてきます。

第5章では、このようなワンランク上の超・段取り術について具体的に解説します。

「流れ」を意識しながら質とスピードを上げる

仕事の流れ ↓	質を上げる				スピードを上げる			
スキルの例	フレームワークの活用	思考術	コミュニケーション	……	コピー取り	仕分け	クイックレスポンス	……
顧客ニーズの把握	✓	✓	✓			✓		
アプローチ		✓	✓		✓		✓	
商談	✓	✓	✓					
クロージング		✓	✓		✓		✓	
フォローアップ	✓	✓	✓				✓	

顧客の獲得・維持

五感を整えて究極的に仕事の「質×スピード」を高める

ここまでお話ししたことがミニマム思考の概要になりますが、さらに仕事の「質×スピード」を高めるにはどうすればよいのでしょうか？

私は、体や仕事をする環境を、なるべくベストコンディションに近づけておくことだと考えています。徹夜したり、体に異常を抱えていたり、心がかき乱されたりしていれば、パフォーマンスが上がりづらくなるのは誰しも経験していることだと思います。逆に「五感」が研ぎ澄まされ、集中力が上がっている状態だと、同じ時間でもはるかに密度の濃い時間となり、「質×スピード」が劇的に向上することも経験しているのではないでしょうか？

第6章では、この「五感」を研ぎ澄ます習慣について、お話しします。

以上、ミニマム思考についてざっと説明しました。次の章からは、ミニマム思考の各構成要素をさらに掘り下げていきましょう。

Chapter 2

あらゆる仕事に「仮説」をもつ

Section
01

仮説を立てれば
やるべきことが絞られる

ミニマム思考で「質×スピード」のレベルの高い仕事をするには、「仮説を立てること」が欠かせません。常に仮説をもちながら仕事をすることを当たり前にするのです。

そもそも仮説とは何でしたか？

先述したように、仮説とは「バリューを実現するための仮のアイデア」です。

たとえば、「売上が上がらない」という問題を抱えているなら、「既存顧客の売上ダウンが売上の上がらない理由ではないか」といったように、より詳細で、本質を突いた仮説を立てる必要があります。

こうした仮説を立てれば、「常連客に対して特典を付与する」「既存顧客の会員化を図る」といったアイデアを出し、検証することができます。

仮説を立てることによって、やるべきことが絞られ、そこに集中することができるのです。

仮説を立てるときはスピードが命です。

マッキンゼーでクライアントの問題解決に取り組むときは、最初の1～2週間が勝負。先ほども述べたように3～6カ月で結果（効果的な提案）を出さなければならないため、最初の段階で筋がいい仮説を立てて、すぐさまその仮説が正しいか、情報を集めて分析をはじめる必要があります。

分析の段階では、資料やデータにあたって情報収集をするだけでなく、ユーザーへのアンケートを実施したり、クライアントの営業マンと一緒に得意先をまわったりしながら、現場からも徹底的に情報収集をします。オフィスにはめったに戻らず、毎日のようにクライアント先に通い詰めることになります。

こうした情報収集や分析をしていると、あっという間に3～6カ月はたってしまうのです。

したがって、最初のスタートの段階でもたもたしていたり、なんとなく情報収集をはじめたりしていたら、後々になってスケジュールがきつくなり、期限内に最適の問題解決をすることが困難になります。

大事なのは、**最初に仮説探しにダッシュで取り組むこと。**いかに最初の段階で筋がいい仮説を立てるかに集中するか、ということです。

仮説があれば質問も具体的になる

買い物のシーンに置き換えてみれば、「パソコンを購入したい」というときに、「なんとなくパソコンがほしい」と思っていたら、片っ端から家電量販店を見て歩くことになります。あれこれと悩んでいるうちに、時間がなくなり「また出直してきます」と言って店をあとにする結果になるかもしれません。

一方、最初から「気軽に持ち運びができるパソコンはどれか」という仮説をもっていれば、どこの売り場を見ればいいか絞れます。少なくともデスクトップパソコンの売り場には行かないでしょう。

また、仮説があれば、店員さんに尋ねる質問もより具体的になってくるはずです。ノート型にするのか、タブレット型端末にするのか冷静に判断できますし、あるいは、「スマートフォンで事足りる」という結論になるかもしれません。

仮説をもっていれば、時間をあまりかけることなく、自分のほしい成果（パソコン）を手に入れることができるのです。

問題解決や買い物のプロセスにかぎらず、普段の仕事でもスタート時から仮説を意識して仕事をすると、すでに「当たり」がついているので、限られた時間の中ですべきことが明確になります。

たとえば、営業の仕事でも「お客様が求めているのは、○○ではないか」と仮説をもっていれば、アプローチの仕方やすすめるべき商品も変わってくるでしょう。やるべきことが絞られるといってもいいでしょう。

もちろん、検証の結果、その仮説が間違っていれば軌道修正する必要はありますが、確実に成果に向けて仕事を進めることが可能です。

一方で、**仮説を意識していないと、どこから手をつけていいかわかりません。**何をすべきかが明確にならないので、暗闇の中で探し物をする状態になります。成果にたどり着くまでに大きなロスとなるばかりでなく、成果を得る前に時間切れになってしまう可能性さえあります。

「仮説」の有無が成果を左右する

仮説がない場合

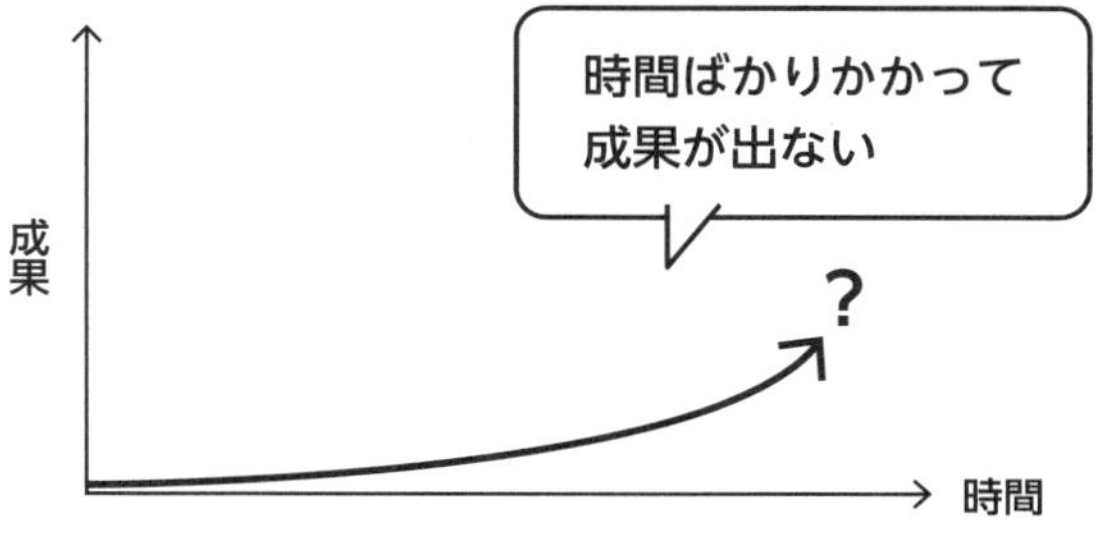

仮説がある場合

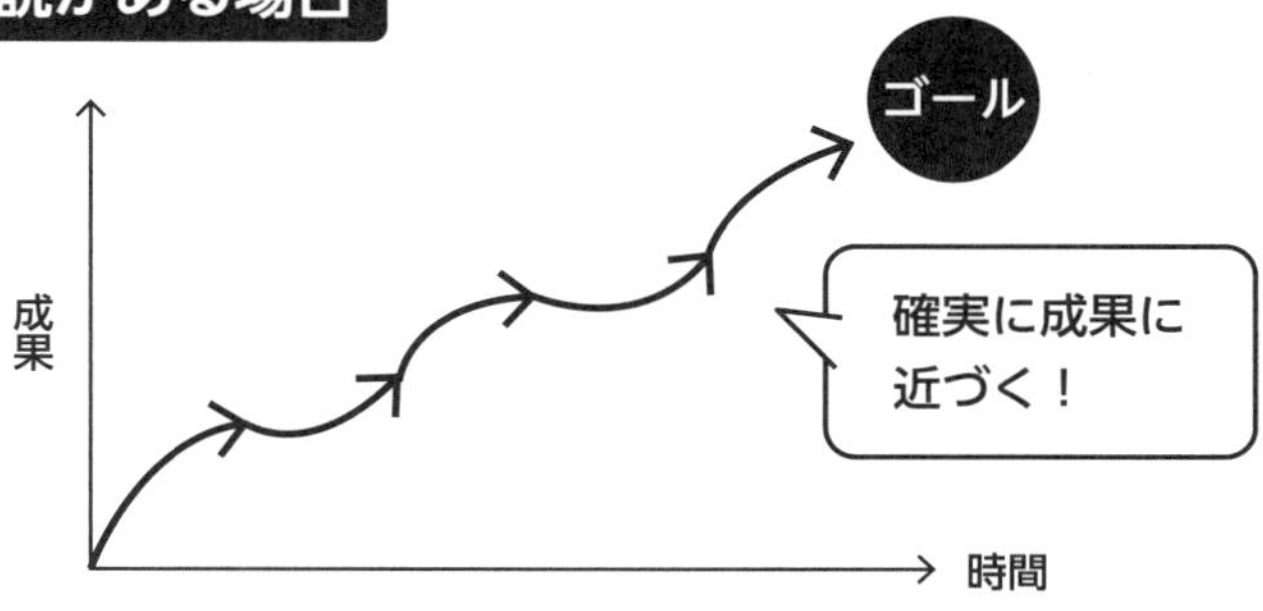

最初にダッシュで仮説探しに取り組むことが大事

Section
02

近くの「目利き」を使い倒す

ミニマム思考は、最初の「仮説を立てる」段階が肝です。相手が「なるほど!」と目を輝かせるほど仮説がインパクトをもっていれば、それは質の高い仕事といえます。ざっくりとしたものであっても仮説を立ててから作業をはじめることは、仮説がまったくないままスタートする場合よりはるかにましです。

ただし、あまりに見当外れの仮説を立ててしまえば、軌道修正に手間取り、仕事の質×スピードは落ちる結果となります。したがって、**できるかぎり筋がいい仮説を立てられるかどうかが問われることになるのです。**

ミニマム思考ができるコンサルタントは、日頃から仮説を立てる訓練をし、それを習慣化しているので、経験と勘で確度の高い仮説を立てることができます。もちろん、みなさんにも自然と仮説を立てられるようになることを目指していただきたいのですが、仮説を立てる技術が身についていない段階では簡単ではありません。

でも心配しないでください。最初は誰でもそうです。

では、どうすれば確度の高い仮説を立てることができるのでしょうか。

答えは、「情報収集力」と「編集力」にあります。仕事の質を上げるには、この2つの力が欠かせません。

❁ 現場の「生」の情報にこだわる

まずは、「情報収集力」から説明しましょう。

インターネット検索や書籍、白書などに頼るだけではなく、社内の詳しい人やお客様、関係者からヒアリングし、現場の「生」の情報を集める力が求められます。「生」の情報とは、自分で引き出す情報のこと。

このときに重要なのは、「さりげなく耳にする情報、目にする情報」と「自分のセンサー」です。誰でもアクセスできるような情報ではなく、現場に行って顧客にさりげなく聞いてみるのです。自分の上司、部下といったまわりの人でさえ、顧客になり得るのであれば、聞くことができます。そして、「これはいけるのではないか」という自分のセンサーを働かせるのです。

さらに、確度の高い仮説につながる貴重な情報を得るためにできることがあります。

ミニマム思考の人は、まわりの「目利き」に相談します。

自動車業界にエッジの効いた人、飲食業界にエッジの効いた人、経済指標にエッジの効いた人、人材領域にエッジの効いた人など分野はさまざまですが、こうした目利きに質問や相談をすると、広く深い知見を得ることができます（「エッジ」は「鋭くとがったもの」という意味で、「エッジが効いた」とは、「流行に流されず、独自性が高い」「言動の切り口が鋭い」といった意味です）。

職場の上司や先輩の中には、あなたよりも知識や経験をもっている人が必ずいます。そうした上司や先輩の知恵を拝借するのです。また、社内にかぎらず、社外のネットワークを活用してもいいでしょう。

たとえば、「インターネットを使った販促活動」のプロジェクトに参加することになったとしましょう。もしインターネットに関する知識があまりないなら、ネットワークの中からそれに詳しい人を探して、アドバイスを求める。すると、見当外れな仮説を立てることを防げますし、仮説の方向性が見えてきます。自分の頭で考えるよりも、効率的に確度の高い仮説を立てることができます。

ただし、相談するときに、ミニマム思考の人が心がけることがあります。

それは、**「私はこんなことを考えているのですが、どうでしょうか」と自分なりに仮説をもって相談するということ。**その相手がユーザーになりそうなら、「こんなサービス・商品があったら使いますか？」と意見を聞いてみる。あるいは「こんな仮説を立てたのですが、どうですか？」とさりげなく聞いてみる。すると、いろいろなフィードバックや情報が返ってきます。こうした情報をもとに仮説を検証してみるのです。

アドバイスを求めるなら、土台となる仮説があったほうがスムーズです。「50代男性のビジネスパーソン向けにスイーツを開発したら売れるのではないか」という仮説をもっているなら、この仮説を検証するような「質問リスト」をつくって臨むのです。

50代男性は、「どんなときに食べているのか？」「どこで食べているのか？」「どんなスイーツを食べているのか？」「なぜスイーツを食べることに抵抗があるのか？」というように、5W1H（When、Where、Who、What、Why、How）に沿って質問リストをつくれば、モレを防ぐことができます。

仮説に沿って10個くらい質問を用意しておけば、30分もあれば効率的にヒアリングができます。質問によって、目利きはインスパイアされて、いいアイデアやフィードバックが出てくるものです。**ミニマム思考のできる人は、仮説に沿った質問リストで、目利きから知見を引き出すのです。**

質問リストの例

仮説

**50代男性のビジネスパーソン向けに
スイーツを開発したら売れるのではないか？**

When

✓どんなときに食べていますか？
✓どんなときに食べたいと思いますか？

Where

✓どこで食べますか？

Who

✓誰と一緒に食べていますか？

What

✓どんなスイーツを食べていますか？

Why

✓なぜスイーツ食べるのですか？
✓なぜスイーツを食べることに抵抗があるのですか？

How

✓どんな風に食べていますか？

Section
03

「セクシー」な切り口を見つける

確度の高い仮説を立てるためには、「編集力」も必要になります。

世の中に製品・サービスは出尽くしているといえます。まったくのゼロからアイデアを生み出したり、商品開発をしたりといったことはありえない、と言っても過言ではありません。スマートフォンが電話やカメラ、音楽プレーヤーなど個別の商品の組み合わせであるように、ヒット商品のほとんどは、既存のアイデアや情報の組み合わせでできています。

つまり、**数ある情報の中から、特定の情報をピックアップし、それらをアレンジする「編集力」が必要なのです。**これは、新しい切り口や視点を見つけることと言い換えることもできます。

編集力の高低は、アウトプットの良し悪しを左右します。情報の編集がうまい仕事は、これまでになかった画期的なアイデアや問題解決策となるので、お客様に高い価値をもたらします。

情報の編集力が高いアウトプットのことを、マッキンゼーでは「セクシーだね」と評価していました。ここでいうセクシーというのは、「引きつける力がある」「ぐっとくる」といった意味合いです。

たとえば、最近、書店のビジネス書のコーナーを覗くと、「マンガ版ビジネス書」がたくさん並び、なかにはヒットしているものもあります。ビジネス書をマンガで読むというのが今では当たり前になりました。従来だと「マンガ＝娯楽」という発想になりますが、忙しいビジネスパーソンにとっては、効率的にノウハウや教養を学べるマンガ版のビジネス書は、大きなバリューをもちます。本と比較してマンガの場合、視覚を通じた情報処理が速くできるため、マンガで知識をさくっと理解できることは、ビジネスパーソンにとってはバリューとなりえます。

そうした切り口でマンガをとらえ直し、「ビジネス書×マンガ」という新しいジャンルをつくったことが、マンガ版ビジネス書ヒットの秘訣といえるでしょう。

また、「いきなり！ステーキ」というステーキ店が人気を集めているのも、「特別なときにゆっくり食べる高級な食べ物」という従来のステーキのあり方を、「立ち食いスタイルで質の高さと圧倒的な安さ」という切り口で編集し直したからこそ、ヒットしたのだと思います。

あるいは、新型の列車を開発する場合では、従来どおりに走行速度や座席数、快適性などといった単なる移動手段としてとらえる発想はセクシーではありません。もしかしたら、列車に乗る体験自体がお客様の心をつかむのではないか。そんな発想で情報を編集するのはセクシーです。

九州を走るクルーズトレイン「ななつ星」をはじめ、近年、高級ホテルのようなおもてなしが受けられる観光列車や足湯が設置された新幹線など、特別観光列車が人気を集めています。それまでの列車に「体験」という要素をプラスしたことがヒットの秘訣だと考えられます。これは、従来どおりに「列車はお客様を早く、快適に運ぶもの」という固定観念に凝り固まっていたら生まれない発想といえるでしょう。

マトリクスの軸の取り方が決め手

セクシーな発想は、軸の取り方が秀逸です。言い方を換えれば、**どんな切り口で情報を切り取るか**、ということです。

「重要度」と「緊急度」のマトリクスは、多くの人が目にしたことがあるでしょうが、縦軸と横軸を取ってセグメントに分けるマトリクスは、発想を得るためのフレームワークとして、質の高い思考を可能とします。

たとえば、ビールの新商品を開発するケースで考えてみましょう。ビールを切り取る軸はたくさん考えられます。価格、のどごし、容器（ビン、缶など）、辛さ、キレなどは、ビールをセグメントする軸としてよく使われてきたものです。

そこで、仮に「実は価格やのどごし、味以外に『舌触り』を求めるのではないか？」と仮説を立てて、ビールの「舌触り」を軸にしたらどうでしょう。舌触りがビールのうまさを決めるという根拠やデータがあれば、セクシーな軸として関心を集める可能性があります。「舌触り」×「キレ」、あるいは「舌触り」×「辛さ」といった軸でマトリクスをつくって、他社商品をセグメントし、ライバルと差別化を図るという戦略も考えられるでしょう。

たくさんある情報の中から、どんな軸を抜き出し編集するか。そのセンスによって、仮説の確度は上がり、アウトプットのできも変わってくるのです。

ただし、どんなにセクシーな軸をとって、ユニークで優れた仮説を設定しても、それらを証明する根拠がなければ、その仮説は活かすことができません。仮説を裏づけるファクト（事実）やデータが必要です。そういう意味でも、情報収集力は重要な能力なのです。

マトリクスの例

■時間管理のマトリクスを使ったTo Doチェック

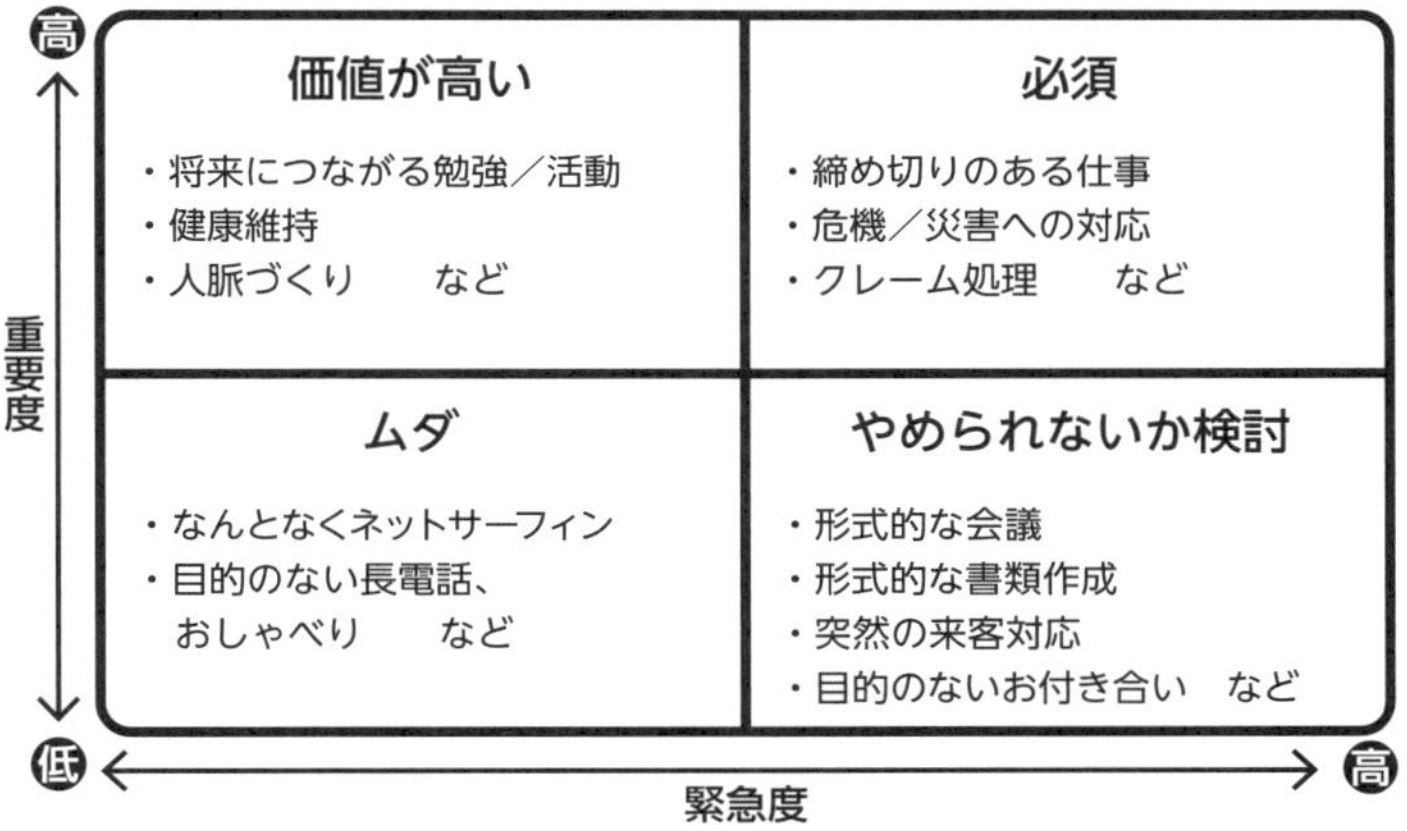

■ビールのポジショニングのマトリクス（例）

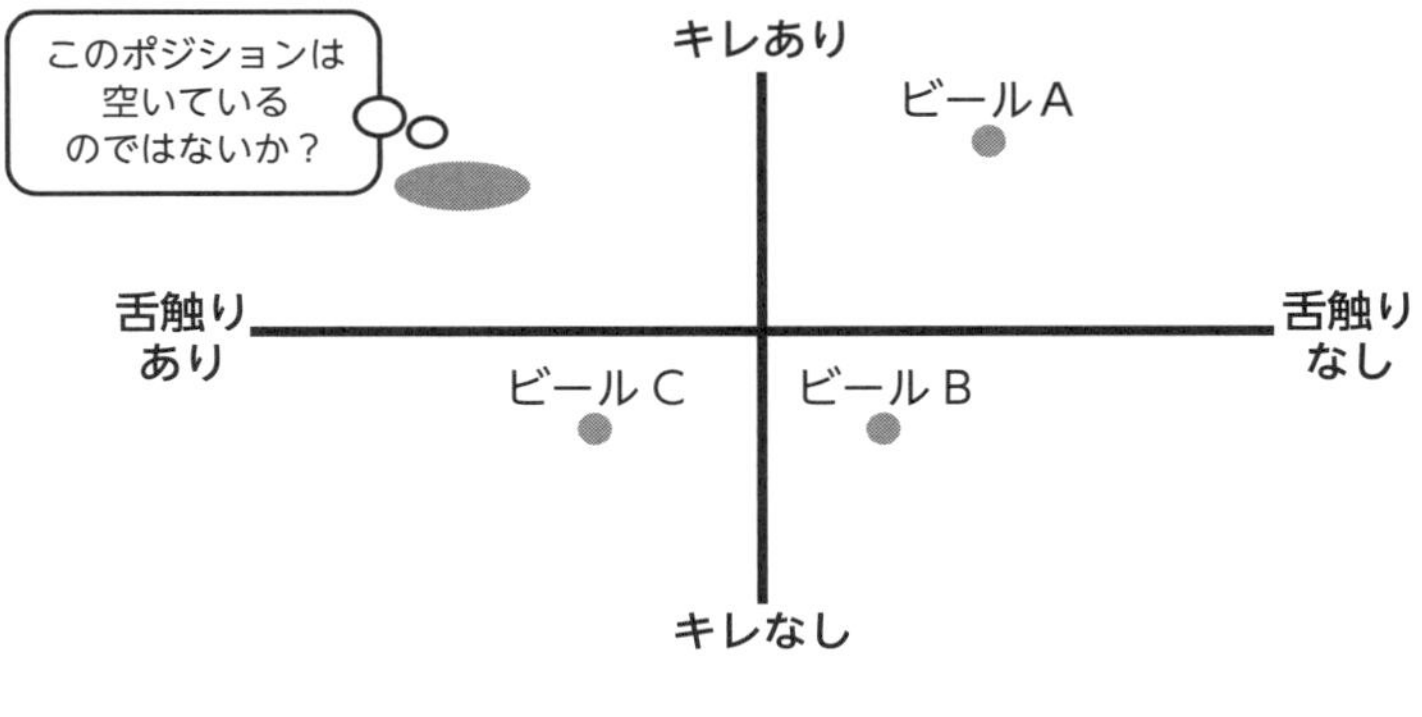

Section
04

「非線形」の発想をする

確度の高い仮説やセクシーな軸は、どうすれば思いつくことができるのでしょうか。自分の頭で考えることが重要であることは言うまでもありませんが、ベースとなる知識や情報が頭の中に十分にインプットされていなければ、誰もがするような発想しかできません。

世の中にはまったく新しいアイデアというのは存在しません。**どんなに斬新に見えるようなアイデアも、すでに存在するアイデアをうまく組み合わせ、編集したものであることがほとんどです。** iPhoneでさえも、極端なことをいえば、パソコンと電話という機能を組み合わせたものです。

では、自分の仕事や抱えている問題に関する情報を、その都度インプットすればよいかというと、そう単純ではありません。もちろん、関連する情報を集めることは大切ですが、集めた情報がそのまま確度の高い発想やセクシーな軸になるとはかぎりません。

仕入れてきた情報Aと情報Bを足し合わせたからといって、魅力的なアイデアが生まれるわけではないのです。発想というのは、「1＋1＝2」というシンプルな足し算の世界ではありません。

頭の中では有機的にさまざまな化学反応が起きていて、新しい情報Ａと過去の情報Ｃがふいに組み合わさって、ユニークな発想が生まれることもあるのです。

公私にわたる情報のストックが非線形思考につながる

仮説をもとに的確な情報収集をして、論理的に分析することに加えて、これまでの人生で得てきた経験や知識、勘などが組み合わされることによって、ベストの解答を導き出せます。あるとき、点と点がつながって、線になってアイデアが降りてくる。そんなイメージです。これを「非線形思考」といいます。

大前研一氏も「非線形思考」の重要性についてこう語っています。

「冷徹な分析と人間の経験や勘、思考力を最も有効に組み合わせた思考形態こそ、どのような新しい困難な事態に直面しても、人間の力で可能なベストの解答を出して突破していく方法であると思う」

したがって、セクシーな軸を見つけるコツのひとつは、**目の前の仕事だけにかぎらず、普段の生活の中でさまざまな情報や経験を重ね、ストックしておくことです。**これは遠回りのように見えるけれど、最短の近道でもあるのです。

ミニマム思考ができる人は、やみくもにスピード勝負の仕事はしないということです。優秀なコンサルタントの中には、仕事から離れて、文学やアートに親しんだり、哲学や科学関連の書籍を読んだりしている人が多くいました。彼らは、そうしたジャンルから、仕事にも通じる人生の本質的なことを学んでいると感じました。彼らは、さまざまな知識や経験をストックしておくことが、仕事の成果にもつながることを経験的に理解していたのだと思います。

普段から本質的な情報に触れる。それによって、あなたの思考力は確実に深くなっていきます。

もうひとつセクシーな軸を見つけるために効果的な方法があります。それは、先述した「目利きに聞く」ということです。

自分が考えているテーマに関して詳しいスペシャリストに徹底的に取材するのです。目利きは、普通の人が知らない情報やひと味違った視点をもっているものです。そうしたスペシャリストに上手に頼ることによっても、セクシーな軸は見つけやすくなります。

Section
05

ネット上の情報は「だから何？」まで考える

セクシーで、確度の高い仮説を立てられると、仕事の質が上がります。たとえば、先輩のコンサルタントが、あるプロジェクトで海外から輸入した食材の売上を伸ばすという問題解決に取り組んだときのこと。この市場の全体の傾向として、輸入物は国産よりも人気がなく、売上が低迷していたのです。

その原因と解決策を導き出すために彼は、全国のスーパーや店を行脚してその食材の消費動向についてヒアリングし続けました。

そこから見えてきたのは、実は、地方によってよく売れる部位やカットのしかたが異なるということでした。つまり、地方によってよく食される料理の種類や調理法が異なるので、地方によって販売する食材の形を変えることが重要だということがわかってきたのです。

たとえば、「A県は鍋物用の薄切りタイプが売れる」「B県は焼物用のサイコロタイプが売れる」というように、売れる商品に明確に差があったのです。

そこで、彼はこんな仮説を立てました。

「地方によって販売する食材の部位やカット法を変えたらどうか」

食材の売上を決めるのは生産国と価格だととらえ、売れる部位や調理法は大差ないと考えていた輸入販売会社にとっては、これはまったく新しい視点でした。実際、彼の仮説は大当たり。海外産の輸入食材であるにもかかわらず、見事、国産物と遜色ないほどに大きく売上を伸ばしたのです。

このように確度の高い仮説を立てることは、仕事のスピードアップだけでなく、質と成果を大きく左右します。そのためにも、ヒアリングなどの情報収集が大切になるのです。

セクシーな仮説は一次情報から生まれる

「情報収集をしなさい」と言われたとき、まずはどんな行動をとるでしょうか。多くの人は、インターネット検索に頼ると思います。

たとえば、ビール市場の数字を参考にしたいときは、「ビール市場　売上推移」といった検索ワードを入れてお目当ての情報を探すでしょう。そして、運よく適切なビール市場の数字にたどり着いたら、それを資料として採用します。

しかし、ミニマム思考のできる人は、インターネットに掲載されているようなデータをそのまま使いません。その情報から「So What?」（だから何？）と考えます。インターネット上の情報がすべて無価値というわけではありませんが、それらの情報は誰でも入手できるという意味では、価値が低い。**大切なのは、その情報からどんな意見や見解、あるいは仮説を導くか、です。**

たとえば、ノンアルコールビールの市場推移のデータを示しながら、「ノンアルコールビールの市場が伸びています」と言っても、「だから何？」と一蹴されてしまいます。「ノンアルコールビールの市場が伸びているのは、アルコールが苦手な女性のニーズをつかんでいるからではないか」という仮説を導くことができて、はじめて情報として価値があるものと認められるのです。

では、情報収集はどうすればよいでしょうか。

ポイントは、できるかぎり二次情報ではなく、一次情報に当たることです。一次情報とは、直接見たり、聞いたり、体験したりして、自らが仕入れた現場情報のこと。

二次情報とは、誰かが言っていたり、新聞や本に書いてあったり、テレビで見たり、インターネットに書いてあったりした、第三者を介して得た情報のこと。

二次情報の中にも有益な情報は存在しますが、それらは第三者のフィルターがかかっている情報です。元の情報を加工・編集したものなので、必ずしも情報の解釈が正しいとはかぎりません。極端なことをいえば、情報を発信する第三者によって、捻《ね》じ曲げられている可能性すらあります。

マッキンゼー時代、当時の支社長であった大前研一氏に、こんなことを言われたことがあります。

「新聞に書いてあることを鵜呑みにしてはいけない」

新聞に書いてある情報は信用性が高いと思われがちですが、あくまでも新聞記者のフィルターで切り取られた情報にすぎないというわけです。したがって、新聞記事で役に立ちそうな記事を読んだら、記事を書いた人に直接会いに行って話を聞いたり、取材先が明記されている場合は、直接インタビューを申し込んだりもしました。**問題の解決策を導き出すために、徹底的に現場で調査をするのです。**

たとえば、ある自動車販売店の「売上が落ちている」という問題があったとしたら、

100人以上のユーザーにヒアリングをします。

「どうしてその販売店で車を買ったのか？」

「車を買うときに重視することは何か？」

こういった質問をし、売上が落ちている原因を徹底的に探っていく。現場で何が起きているのか確認するのです。

車のような高価な買い物は、「営業マンとの人間関係が重要だ」というのが、それまでの業界の常識。いかに定期的にお客様のもとに通い、リピートにつなげるかが売上を左右すると考えられています。

しかし、ヒアリングの結果が意外な可能性もあります。たとえば、実は車のユーザーは、「家の近くにある販売店で買う」という傾向があらわれたらどうでしょうか。営業マンとの人間関係は、さほど売上には貢献していなかったということが判明したら、おもしろい仮説が立てられそうです。

たとえば、この結果にもとづいて、コンビニのように一定の地域に店舗をたくさん出すという仮説を立ててみる。すると、その自動車販売店の売上が大きく回復するような方法になるかもしれないのです。

ネット頼りではなく、現場に行く

おもなヒアリングの対象は、会社の商品・サービスを買ってくれるお客様。営業担当はもちろん、開発やマーケティング部門の担当者もできるかぎりお客様の意見を直接聞く機会をつくることによって、確度の高い仮説を立てることができます。

「現実的にヒアリングするのはむずかしい」ということはありません。工夫するのです。たとえば、自分の会社の商品やサービスが使われている現場に足を運んでお客様の様子を観察することができますし、声をかけて、さりげなくヒアリングしてみることもできます。**経験知から15人くらいにヒアリングするだけでも、かなりいい情報が収集できます。**実際、できる先輩コンサルタントも、まず15～16人にさくっとヒアリングして、生のいい情報を収集していました。

競合会社の商品やサービスを実際に体験してみることも、新しい発見につながることが多くあります。

情報収集というと、すぐにインターネット検索に頼ってしまう人が多いようです。

インターネットを情報収集のツールとして活用することは悪いことではありません。ただし、大事なのは、インターネットの情報をそのまま鵜呑みにすることなく、それをヒントに自分なりの仮説や見解を導き出すこと。

「現場に行く」ことによって、オリジナルの情報をキャッチすることができるのです。確度の高い仮説を立てるためには、現場を見て、声を聞くことをおろそかにしてはいけません。**情報は自分の足で稼いで「つくる」ものです。**もちろん捏造《ねつぞう》するということではなく、現場でオリジナルの情報を集めるということ。

ミニマム思考の人はインターネット検索を仮説のヒントに使います。仮説の切り口を見つけるために、最初にインターネットを使ってディープな検索をするのです。いろいろなキーワードで検索して、30ページくらい、ざくっと読んでみる。英語の文献もあたってみる。すると仮説の切り口のヒントになります。

インターネットで収集した情報に対して、「本当にそうなの？」「ということは、こんな考え方ができるのではないか？」「自分だったらこう考える」と、常に自分の頭で考えることが大切です。そうすることによって、仮説の確度は上がっていくのです。

Section 06

「ゼロ発想」で仮説を立てる

仮説がない」というのは、視点や切り口がないということです。

クライアントの問題のありかを探るために、ユーザーに質問やアンケートをしても、仮説をもっていなければ、何をどこから聞いていいかわかりません。単に「ざっくばらんに意見を聞かせてください」では、本当の問題にたどり着くまでに時間がかかりますし、聞かれたほうも返答に困るでしょう。

仮説を立ててから情報収集に臨めば、自然と集めるべき資料や聞くべき質問やアンケート項目も決まってきます。

たとえば、売上不振のある食品は、都市部ではなく地方都市で売れるのではないかという仮説をもっていれば、それに沿った情報収集ができます。自社とライバル商品の都市部と地方都市におけるシェア比較をデータ化したり、地方のユーザーにアンケートをとったりといった作業に絞ることが可能です。

ただし、仮説を検証するために、インタビューや質問をするときに気をつけなければならないことがあります。それは、**誘導尋問をしないこと**です。

仮説をもつことが段取りよく仕事を進める条件だと話しましたが、「こうに違いない」と決めつけてインタビューに臨むと、自分に都合の良い質問ばかりしてしまいがちです。矛盾したことを言うようですが、自分の立てた仮説にがんじがらめになってはいけません。

「営業戦略に問題があるはずだ」という仮説をもっていると、どうしても営業戦略に関する質問に集中してしまいます。

ミニマム思考のできる人は、仮説をもちながら他の可能性も検討します。

逆説的ですが、これが事実なのです。ただスピーディーに仕事をこなそうとして、「これが正解に違いない」という思い込みをもっていると、他の重要なメッセージを見過ごしてしまう可能性があります。ミニマム思考の人は、あらゆる可能性を検討して、最も重要な仮説を見極めるのです。

本当は営業戦略ではなく、商品そのものだったり、人事組織に問題が潜んでいたりするかもしれません。

仮説は、自分の思考の枠をつくることではありますが、思考の外の要素を完全に排除してはいけません。最初の段階では仮説をもちながらも、すべての意見や情報を排除しない。ある程度、決め打ちはしながらも、ひとつのことに固執はしない。そのようなバランス感覚が必要になるのです。

仮説が大切だからといって、仮説に執着してはいけません。自分の立てた仮説が100%的確ということもありえますが、多くの場合、仮説がすべて的中するとはかぎりません。大きな方向性は合っていても、細かい点で軌道修正をしなくてはならないケースがほとんどです。

あくまでも仮説は、質とスピードを上げるために立てるのが基本。もちろん、確度の高い仮説を立てられるに越したことはありませんが、最初から正解を導くのは簡単ではありません。仮説は分析・検証をしていく過程で、軌道修正をしていくのが普通です。

したがって、**仮説を無理やりこじつけで証明しようとしてはいけません。**自分に都合良く情報を解釈し、検証結果を捻じ曲げてしまったら、望むような成果は出ないでしょう。

仮説を意識することは重要ですが、最初の仮説にとらわれすぎてはいけないのです。

❀「そもそも」に立ち返る

仕事を進めるうえでは、常にゼロから考え、「そもそも」に立ち返ることを大切にしなければなりません。

常識や思い込みに縛られないことによって、本当の問題や解決策にたどり着くことができる、というわけです。これを「ゼロ発想」と呼びます。

「ゼロ発想」とは、「そういうものだ」という前提を「それ本当？」と疑うことからはじめることです。

ミニマムに考える人は、この業界はこういうものだから、といった前提条件にとらわれません。まず何が前提となっているのかを見つけ出し、その前提が本当なのか、見極めるのです。ゼロ発想は無邪気さから生まれるともいえます。

たとえば、駄菓子の商品を開発しようという場合、どうしても子どもを対象に発想しがちです。しかし、「そもそも駄菓子を買うのは子どもだけだろうか？」という発想ができれば、大人向けの駄菓子というアイデアが浮かぶかもしれません。

また、スイーツの商品を開発する場合も、「スイーツを好むのは女性だけか?」という発想ができれば、「疲れた脳を活性化させたい50代の男性ビジネスパーソンに向けたスイーツ」というアイデアが出てくるかもしれません。

仮説を立てるとき、特に最初の段階では「そもそも問題は何なのか?」というゼロ発想をしなければ、答えを見誤ります。


仮説と思い込みはまったくの別物です。


仮説は、あくまでも仮の答えにすぎません。他にふさわしい答えが見つかりそうなときは、それまでの仮説を軌道修正したり、まったく別の仮説に乗り換えたりすることが求められるのです。

ミニマム思考ができている人は、自分の仮説をも鵜呑みにしないで、あらゆる選択肢を検討して、仮説を絞り込んでいきます。だからこそ、質×スピードのレベルの高い仕事を実践できるのです。

Section
07

仮説は「1行」にまとめる

仮説を立てるということは、良い問いを立てるということです。問いの形にすることによって、人は自然と考え、答えを出したくなります。

たとえば、「インド市場に参入すべき」という仮説を立てると、「すべき」ということに固執し、これに有利な情報ばかりを探してしまいます。しかし、「インド市場に参入すべきか?」と質問の形にすると、自然と仮説について検証するようになります。

スポーツ選手は反復練習を繰り返すことによって反射的にベストパフォーマンスを発揮できます。それと同じで、仮説を立てて「本当にそうなのか」と自問することを習慣にしていると、神経細胞同士を結合する役割をもつ「シナプス」が「仮説を立てたら検証する」という脳の神経回路を形成します。そうなると、自然と仮説を検証しようと脳が働きます。ミニマム思考の人は仮説を検証する回路ができているのです。

仮説を立てるときは、できるだけ具体的な文章にまとめるのがコツ。

たとえば、「売上を上げるにはどうすればいいか?」よりも、「60代シニア夫婦の層に買ってもらえる新商品のアイデアは何か?」のほうが、どんな情報を集めて分析すればよいかが、より明確になります。抽象的な問いになってしまうのは、仮説を十分に検討できていない証拠です。Who（誰が）、What（何を）、How（どうやって）、

When（いつ）を意識しながら具体的な文章にしましょう。

また、**ミニマム思考の人は「ワン・センテンス（1行）」形式を徹底します。**

いくら具体的だからといっても、仮説が何行もの文章になってしまうのは問題です。

何行にもなるということは、仮説の核心が明確になっていないということです。1行程度のシンプルな文章でまとめることによって、仮説の要点がはっきりします。

シンプルな問いを意識することによって、スッと言葉が頭に入ってきて、反射的に質問に答えようと脳が働き始めます。長い文章だとなかなか頭に残らないので、問いに答えようとする意識が低くなってしまいます。

たとえば、「A商品はインターネット上でのシェアを高めるべきか？」「B商品は都市部ではなく地方で売るべきか？」「C商品は価格を上げて、高級路線に舵を切るべきか？」といった具体的&コンパクトな文章にすると脳が自然と働きはじめます。

日頃から仮説を立てる習慣をもつ

魅力的な問いを立てられる人は、普段から自分なりの仮説をもつ習慣があります。

街を歩いていたり、ニュースを聞いたりしても、「なぜその現象が起きているのか」と思考し、仮説を考えます。

たとえば、「男性向けのスイーツが流行っている」というニュースを聞いたとしたら、「へぇ〜、そうなんだ」と聞き流しません。「流行っているとは何を根拠に流行っているというのか」、あるいは「なぜ流行っているのか」を考えます。

「殺伐《さつばつ》とした競争社会の中で愛情に飢えているからではないか」→「愛情に飢えているから甘いものを食べて気を紛らわせているのではないか」というような仮説思考をします。

流行している商品やお店があれば、「なぜこの商品は売れているのか」「なぜこの店には行列ができているのか」と考え、社会現象があれば、「なぜこんな現象が起きているのか」を考えて、自分なりの仮説を立てる。そして検証してみるのです。

こういうときこそ、すぐに調べられるインターネットは役に立ちます。インターネットで検索して検証してみる。まわりの人に聞いてみるのもいいでしょう。自分なりの仮説が検証できそうだと思えば、ブログで発信してみてもいいでしょう。ミニマム思考のできる人は、このようにインターネットを意図的に使うのです。

Section
08

思考の「枠」をもつ

ここまで仮説を立てる技術の大切さを述べてきましたが、「仮説を立てるなんてむずかしい」と感じている人もいるかもしれません。

ミニマム思考ができる人は、「これが問題ではないか」「こう解決するといいのではないか」と早い段階から当たりをつけて、仮説を立てていきます。

仮説を立てるのが早ければ早いほど、仮説と検証を高速で繰り返して、仕事の質を高めていくことができます。実は、仮説を立てるスピードをアップさせるツールがあるのです。

それが、フレームワークです。

フレームワークとは、いわば思考の枠のこと。「枠」にはめることは、思考の自由を奪われるような感じがするかもしれませんが、**枠が決まっていないと、どこから何を考えればいいかわかりません。**

たとえば、先述した「空」（事実）→「雨」（解釈）→「傘」（行動）もフレームワークのひとつ。

「さあ、自由に考えてください」と言われると、何から考えていいかわかりませんが、

「事実はどうか?」→「その事実からどう解釈するか?」→「どのように行動し、問題を解決すればいいか?」という思考の流れが先にあれば、どうしたらいいかわからず途方に暮れるという状態は避けられます。

フレームワークをうまく使うと、思考力が働くため、自由に考えるときと違って、アイデアや洞察が生まれやすくなり、思考がスピードアップします。それは、結果として段取りの高速化にもつながるのです。**ミニマム思考の人は、フレームワークを活用して、仕事のムダをなくしているのです。**

たとえば、単に「新しいお酒の企画を考えなさい」と言われると、とりとめのないアイデアしか出てきませんが、「20代女性に好まれるビールの企画を考えなさい」と言われれば、より具体的なアイデアが出てきます。

実は、「枠」は発想の自由を奪うものではなく、発想を自由にするのです。

フレームワークを知っているのと知らないのとでは、「各駅停車に乗るか、飛行機に乗るか」くらいのスピード差が生まれるといっても過言ではありません。

9割のケースは既存のフレームワークで対応できる

フレームワークを使うことは、思考の枠をつくると同時に、思考の幅を広げることでもあります。普通に考えていたら考え及ばなかったことも、フレームワークを活用することで気づき、思考のモレを防ぐことができるのです。

もちろん、フレームワークは、コンサルタントにかぎらず、さまざまな職種、職業の人でも使いこなすことができます。

企画、開発などのクリエイティブな仕事だけでなく、営業や販売、事務などの仕事でもフレームワークを使って、スピードアップすることが可能です。

フレームワークには、さまざまなビジネスシーンでよく使われる代表的なものがいくつも存在しますが、それらはひとつの型にすぎない、ということを忘れてはいけません。

フレームワークは、「これでなければいけない」というルールはありません。一般的に知られているフレームワークは、あくまでも汎用性が高いからよく使われているにすぎません。自分の業界や業種によって、オリジナルなフレームワークをつくることによって、質×スピードはさらに向上します。

ただし、自分でフレームワークをつくるのは応用編です。**9割のケースは、既存のフレームワークで対応できます。**

すでに紹介した「空・雨・傘」や、これ以降に紹介する「3C」「流れ」「ビジネスシステム」「ロジックツリー」など、いくつかの代表的なフレームワークについて、本書で解説していますので、興味のある方はぜひ押さえておいてください。

Chapter 3

「全体設計」が最短のルートを示す

Section
01

設計図で「現在位置」をつかむ

バリューの高いアウトプットを出すために、仮説に沿って全体の段取りを組み立てていくことを「全体設計」といいます。ゴールに向けて何をしなければいけないかという道のりを最初の段階であきらかにしておくことで、段取りよく仕事を進めることができます。

全体設計を描けない人は、行き当たりばったりで仕事をはじめてしまいます。そして、自分が全体のプロセスの中でどこにいるかを把握しないまま作業を続けます。最終ゴールと自分の現在位置との距離が測りきれていないので、「期限が迫っているのに終わっていない」という状況に陥ることが少なくありません。

インド発祥の寓話《ぐうわ》にこんなものがあります。数人の目の不自由な人たちが旅をしていたとき、道に何か大きなものがあり、それを取り除かなければ旅を続けられない状況になりました。そこで、目の前の大きなものの一部を触ったところ、その感想はそれぞれ異なりました。

足を触った人は「立派な木だ」。

耳を触った人は「扇だ」。

腹を触った人は「壁だ」。

尾を触った人は「綱だ」。

牙を触った人は「パイプだ」。

鼻を触った人は「ヘビだ」。

ところが、その正体は象でした。もし、それぞれの感想に従って、それを取り除こうとしたら、間違った解決方法にたどり着くでしょう。ヘビと思った人は、ヘビ使いを連れてくるという方法を考えつくかもしれません。しかし、象だったら、ヘビ使いを連れてくるという方法はムダになり、象使いを連れてくるというのが、最適な解決方法でしょう。

これを聞いた王は、「全員正しい。それでも話が食い違っているのは、あなたたちが象の異なる部分を触っているからです。象は、あなたたちの言う特徴を、すべて備えています」と答えたといいます。つまり、自分の目の前にあることは、大きな全体の一部であることが多いのです。

この逸話が示すように、最初に「象」という全体像を把握しないと、目の前のことを正しく把握できない可能性があるということです。同様に、何かを成し遂げようとしたら、最初に全体像を把握して、設計図をつくらないと、目の前のやるべきことだと思っている作業が本当は必要ではない可能性もあるということです。

建物をつくる建築家は、最初に設計図をつくります。設計図がなければ、どんなものができあがるかイメージできません。また、どの作業からはじめればいいかわかりません。計画通りに建物をつくることができるのは、設計図があるからなのです。

それと同じで、**ミニマム思考のできる人は、最終成果物から逆算して自分がやるべきことを明確にします。**仕事をはじめる段階で、最終成果物を明確にし、そこに至るプロセス（工程）を明確に描いているため、期限ギリギリになってあわてることはありません。もし期限に間に合わない状況になっても、事前にそれをキャッチできるため、期限を再調整するなどの対策を早い段階でとることも可能です。

目の前の仕事を懸命にこなすのは間違ったことではありません。しかし、段取り全体の流れを意識しないでなんとなく仕事をしていると、作業のスピードは遅くなっていきます。自分が取り組もうとしている仕事が全体の大きなプロセスの一部であることを知れば、目の前の仕事の意味合いや重要度、どのくらいの時間をかけるべきなのかがわかります。その結果として仕事のスピードは向上していくのです。

段取り上手になるためには、全体を俯瞰《ふかん》する設計図を描くことが重要です。

これは、どんな目的をもって仕事をするかという「仮説」、どんなアウトプットを出すかという「最終成果物」、そして、それらを実現するために必要なすべての作業を網羅したものです。そうした大きな青写真を描くことによって、自分の現在位置を常に把握し、仕事の段取りをうまく組むことができるのです。

ガントチャートで作業を視覚化する

全体設計を描く手法はさまざまありますが、代表的なツールが「ガントチャート」です。ガントチャートとは、一般にスケジュールや作業の進捗を管理する表のことで、作業の開始日から完了日までの期間をバー（棒）で示し、視覚的に表したものです。作業の予定だけでなく、実際の進捗状況などを記入することで作業の進み具合をガントチャートで管理することも可能になります。

たとえば、ある仕事が大きく「情報収集」「情報分析」「最終成果物の作成」といった作業に分けられるとしたら、いつからいつまでに実践するというスケジュールをそれぞれガントチャート上に落とし込みます。

こうして視覚化することによって、やるべき作業と期限が明確になると同時に、自分が今どの段階にいるかという現状を把握することができます。

ここで重要なのは、どのツールを使うかではありません。ガントチャートではなくても、エクセルでつくったスケジュール表でもかまいませんし、やるべきことをメモ書きで列挙したTo Do Listのようなものでも問題ありません。実際、仕事ができる優秀な人たちも、それぞれ自分に合った方法で、仕事の全体像を把握しています。

設計図を描くうえで重要なのは、次の4つです。

①やるべき作業がモレなく網羅されていること
②作業の期限が決められていること
③これらがひと目でわかるように視覚化されていること
④最終成果物が明示されていること

これらの条件がそろうことによって初めて、仕事の全体像をつかみ、最終成果物から逆算することができるのです。

Section
02

全体設計は1枚の紙にまとめる

毎日のやるべきことを書き出したTo Do Listをつくっている人は多くいるかもしれません。しかし、それだと仕事の全体をつかめないので、どうしても作業のモレや遅れが発生してしまいます。忘れてしまっていたということにもなりかねません。

日々の段取りを組むときのコツは、今日1日だけで見るのではなく、今日という日を全体スケジュールの中の1日としてとらえること。

せっかくTo Do Listをつくっても、目の前の作業に追われていると、スケジュールの全体像が見えなくなってしまいます。すると、期限ギリギリになって、「大変だ！　間に合わない」とあわてる結果となるのです。

全体設計図は一覧できるように、1枚の紙にまとめるのが基本です。

1枚の紙にすべての作業項目、最終成果物を、一覧できるようにまとめるのです（作業項目の洗い出し方については後述します）。

全体設計を考えながら段取りを組むと、マルチタスクにも対応できます。多くの仕事がひとつの仕事に集中するシングルタスクではなく、マルチタスクです。複数の仕事を同時並行的に行うのが普通といえます。

そこで、ひとつの仕事の全体設計図だけでなく、他の仕事も設計図に落とし込んでおけば、複数のプロジェクトを同時並行的に把握できるので、全体を見ながら計画的に作業を進めることができます（128〜129ページ図参照）。

毎朝、この設計図で仕事の全体像を確認しながら、今日やるべき仕事をピックアップし、最も時間のかかる作業を見極めることです。その作業を中心に緊急度の高いものから取りかかります。締め切りが迫っているものが最優先です。

1日単位でTo Do Listをつくるのは大事なことですが、**重要なのは、全体設計図をベースにして、仕事全体のスケジュールを意識しながら、To Do Listをつくることです。**行き当たりばったりで、なんとなくTo Do Listをつくらないことです。

そして、今日やることが明確になったら、その仕事に集中すること。

質×スピードを上げるには、取りかかった目の前の仕事にフォーカスすることです。あれもやらないとこれもやらないと、という焦りから他の仕事に頭を奪われると集中力を欠き、質もスピードもダウンします。

ミニマム思考のできる人は、To Do Listをつくったら、そのことは忘れて目の前の仕事に集中します。

全体設計図は一覧性を優先する

手帳にやるべき仕事や段取りを書き込んでいる人がいますが、私はこの方法はおすすめしません。先に述べたように、仕事の段取りは全体設計図、つまり、全体をつかむことが重要になります。

複数枚にわたったり、他のページに書いてあったりすると、全体設計を視覚的にとらえにくくなります。**ひと目でスタートからゴールまでにすべきことがわかるのが理想なのです。**

その点、手帳はその大きさから、一覧性が低くなりがちなのが難点。大きいサイズの手帳なら対応できるかもしれませんが、手のひらサイズの手帳ではむずかしいでしょう。

私の場合、手帳にはアポイントメントや会議などの予定を書き込むスケジュール管理と、その週のやることをリストアップすることがメイン。全体設計図は、手帳とは別につくるのがよいでしょう。

	2017/2/17–2/23							2017/2/24–3/2							2017/3/3–3/9							2017/3/10–3/16						
	17	18	19	20	21	22	23	24	25	26	27	28	1	2	3	4	5	6	7	8	9	10	11	12	13	14	15	16
	月	火	水	木	金	土	日	月	火	水	木	金	土	日	月	火	水	木	金	土	日	月	火	水	木	金	土	日

全体設計図でやるべき作業を視覚化する

プロジェクト	作業	担当者	最終成果物	2017/2/10–2/16						
				10	11	12	13	14	15	16
				月	火	水	木	金	土	日
A 商品 売上プロジェクト	情報収集	山田	報告資料							
B 商品 販売戦略立案	競合分析	山田	企画書							
C 商品 全国キャンペーン	店舗回り	山田	15 件の 成約							
新商品 企画書作成	情報収集	山田	企画書							
・・・	・・・	・・・	・・・							
・・・	・・・	・・・	・・・							

Section
03

「チェックポイント」を意識する

全体設計の段階では、最終的なバリューを意識するのはもちろんのこと、各プロセスで生み出す成果物も意識することが必要です。

たとえば、営業担当者が「売上を上げる」という最終的なバリューを出すためには、いくつかのプロセスが必要です。いきなり売上が上がるわけではなく、顧客とのアポイントを取る、顧客と会うなどのプロセスを経て、成約に至ります。

「売上を上げる」ためには、それぞれのプロセスで出すべき成果もあるはずです。つまり、**最終的なバリューを生み出すためには、それぞれのプロセスで生み出すべきバリューがある**ということです。私は、これを「サブ・バリュー」と呼んでいます。サブ・バリューの積み上げで最終的なバリューが生み出されます。

たとえば、顧客とのアポイントを取るフェーズでのサブ・バリューが「10社とアポイントを取る」ことだとすると、この条件がクリアされなければ、売上を上げるというバリューを出すことができません。この場合、「10社とアポイントを取る」ことを「チェックポイント」として意識しながら仕事を進める必要があります。

もうひとつ例で説明しましょう。ある課題を解決するために仮説を立てたら、本当にその仮説が正しいのかを確認するために全体設計を考えます。

通常は、「仮説立案」→「情報収集」→「分析」→「意味抽出」→「仮説立証」といったプロセスを踏んで仮説を検証していきます。このとき、それぞれのプロセスについても何らかのアウトプットが生まれます。「情報収集」であれば、仮説を検証するために集めた情報そのものがアウトプットといえます。

しかし、このアウトプットが十分でないことがあります。必要となる情報の一部が漏れていたり、まったく見当違いの情報を集めてしまったり、誰でも知っているような情報しか集まらなかったり……という場合、その情報をもとに分析し、そこから意味を抽出しても、仮説を十分に検討することはできません。ひどいケースでは、間違った情報をもとに、仮説の是非を判断してしまうかもしれません。

最終的なバリューを生み出すために全体設計の各プロセスのアウトプットには、一定の基準を設定することが必要となります。一定の基準とは、各プロセスでの作業を実行した結果、生み出すべき成果、つまりサブバリューのこと。この基準をクリアする必要があります。

この基準は、最終的なバリューを生み出すために必要な「チェックポイント」だといえます。

「情報収集」のプロセスであれば、「仮説を証明するような情報である」「誰も知らないレアな情報である」「情報にヌケやモレがない」「常識や前提条件を覆す情報である」「インターネットや新聞の情報ではなく、現場や目利きから仕入れた生の情報であある」といったことがチェックポイントとなるでしょう。

各プロセスの「サブ・バリュー」をチェックする

たとえば、「お酒のおつまみの売上をアップするために30代の女性をターゲットとする」という仮説を立てたとき、「女性の飲酒率がアップしている」「家飲みをする人が増えている」といった情報も必要ですが、「30代女性はお酒を飲むとき、チーズを食べる比率が高い」といったピンポイントな情報があったほうが、仮説に対するワクワク度は上がります。なぜなら、チーズがおつまみとして売れるのではないかという

サブ・バリューをチェックポイントにする

課題：お酒のおつまみの売上をアップするにはどうするか？

プロセス	サブ・バリュー	実際の例
仮説立案	・筋のいい仮説を立てること	・30代の女性をターゲットにできるのではないか？
情報収集	・ワクワクする、レアな情報を収集すること ・ヌケ・モレなく情報を収集すること	・女性の飲み代の平均単価、飲酒率、外飲みと家飲みの割合 ・女性がお酒を飲む際のおつまみの傾向 ・ライバルの動向　など
分析	・収集した情報からまだライバルが手をつけていない分野を探すこと	・ライバルは30代女性をターゲットとしたおつまみを発売していない ・30代女性はお酒を飲むときチーズを食べる比率が高い
意味抽出	・仮説をより具体化し、方向性を見出すこと	・30代女性をターゲットにした、チーズを素材にしたおつまみの需要はあると思われる
仮説立証	・テスト開発、モニター調査を実施し、成功率を検証すること	・テスト開発、モニター調査の実施

具体的なアイデアを出せることに結びつくからです。

また、「ライバル会社は30代女性をターゲットとしたおつまみを発売していない」といった競合の情報も必要でしょう。

ミニマム思考ができていない人は、チェックポイントを意識することなく、仕事を進めてしまうので、上司から「この情報が抜けている」「そんなことは誰でも知っていることだ」と言われてしまうことになります。

全体設計図を描くときには、各プロセスで出すべきチェックポイントを意識することが大切になります。つまり、各プロセスでの作業の結果、どんなサブ・バリューが生み出されていればいいのかという「流れ」を考えるのです。そのサブ・バリューをチェックポイントとして使うのです。

Section
04

フレームワークが作業のモレを防ぐ

やるべきことを書き出した全体設計図は、段取りよく仕事を進めるための To Do List ともいえます。

To Do List を作成するときに大事なのは、作業のモレやダブりを防ぐこと。本来やるべきことが抜けていると、その作業から生み出されるバリューの質が低くなる可能性があります。

この全体設計図や To Do List をつくるときにも、フレームワークは効果を発揮します。

たとえば、「3C」。

「3C」とは、顧客（Customer）、競合（Competitor）、自社（Company）の3つの頭《かしら》文字をとったもので、「自社がどのような経営環境に置かれているか、現状を分析することで、経営課題の発見や戦略の発案などに活用する」といった目的で使われます。

たとえば、上司から「スマートフォン業界の市場について調査してほしい」という指示を受けたとき、どんな情報を集めればよいでしょうか。

スマートフォン市場に関する情報は山ほどあるでしょうが、やみくもに情報を集めようとすると、どこから手をつけていいかわかりませんし、本来必要な情報が抜けてしまったり、余計な情報を集めてしまったりしがちです。

しかし、ここで「3C」のフレームワークを使うことによって、必要な情報を整理でき、情報のモレやダブりを防ぐことができます。

顧客（Customer）であれば、スマホ業界の全体の売上成長率や販売台数の10年分のトレンドなどの情報が当てはまります。

競合（Competitor）であれば、ライバルである各スマホメーカーの売上データを調べることになるでしょう。

自社（Company）の部分は、自社の成長率や売上シェアなどが該当します。

これらに沿ってデータをそろえて分析すれば、必要最低限な要素をモレなく検討し、効率的にアウトプットを出すことができるでしょう。

フレームワークは、「あの作業をすることを忘れていた！」などのうっかりを防ぐ効果をもっているのです。

ミニマム思考のできる人は、フレームワークを効果的に使いこなします。フレームワークという思考の型をもつことで、思考の質とスピードが格段にアップするのです。

フレームワークを使えれば「それなりのアウトプット」ができる

全体設計図をつくるときにフレームワークを活用すると、作業のスピードアップにもつながります。これは、段取り力を上げるときのポイントとなります。

フレームワークを使用することは、思考を整理することです。つまり、「型」を使って考えるということ。

優秀なコンサルタントは、「このケースでは、AとBとCとDの作業をすればいい」と長年の経験と勘から当たりをつけることができます。なぜなら、フレームワークを使いこなす訓練を徹底して受けて、日々の作業で使い倒しているからです。それが暗黙知となっているから、当たりをつけることができるのです。しかし、フレームワークを知らないビジネスパーソンは、直感的にすべき作業がわかりません。それこそやみくもに作業をして時間ばかりかかってしまいます。

しかし、フレームワークを使うことを前提に考えれば、やるべき作業が見えてきます。フレームワークという枠があるので、どの範囲で何をする必要があるかを見極めることができるのです。

たとえば、「3C」のフレームワークを使えば、顧客（Customer）、競合（Competitor）、自社（Company）の3つに絞って情報収集したり、分析したりすれば事足ります。

また、情報収集をするときには、新聞記事や白書などの資料、業界データ、業界に詳しい人へのヒアリングなどを行うことになりますが、フレームワークを用いれば、必要とする情報が明確になり、それらに絞って収集できます。それ以外のことは、やる必要がないことも明確になります。

すると、効率的に作業を進めることができるので、スピードもアップしますし、同時に作業や思考のモレを防ぐことにもなるので、ある程度、仕事の質も担保することができます。

はっきり言いましょう。**フレームワークに従って設計図を描けば、「それなりのアウトプット」を得られるのです。**

ミニマム思考の人は、フレームワークを使って、仕事の質とスピードを担保することを知っています。

「３Ｃ」のフレームワークと作業例

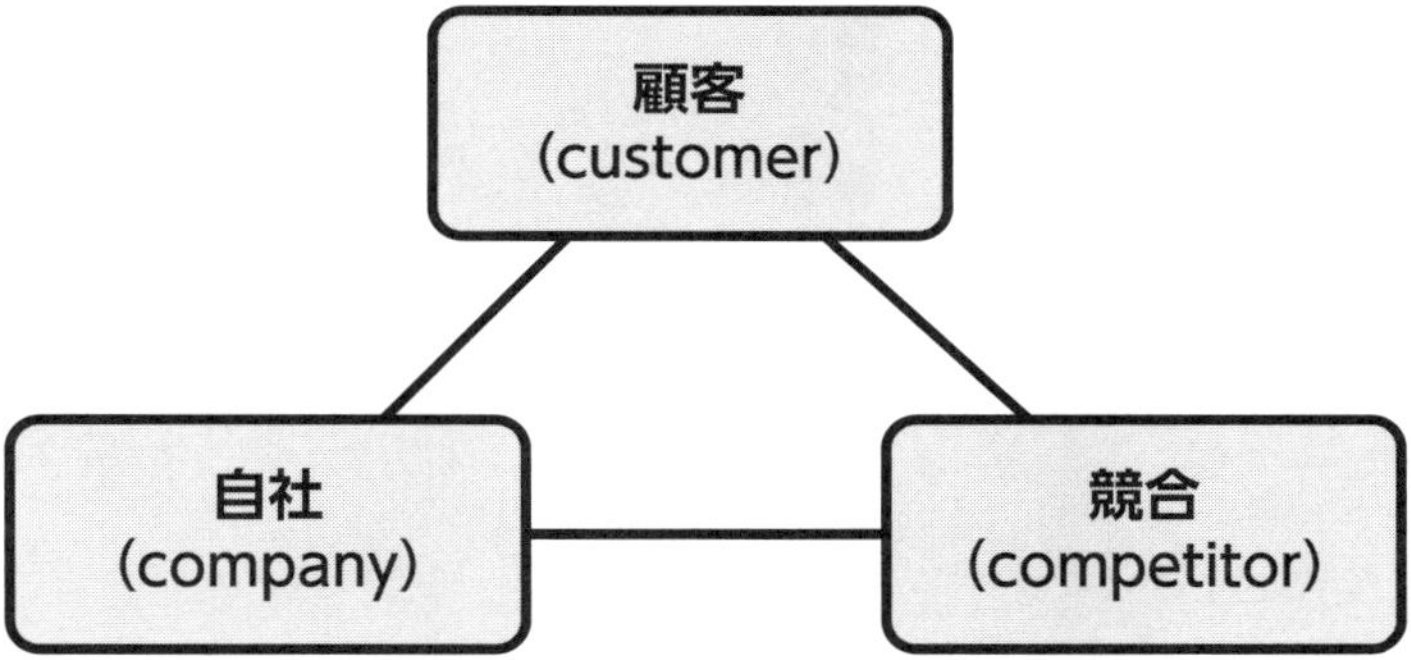

3C	作業内容
顧客	・市場の分析（規模、成長推移） ・顧客のセグメントとニーズ分析 ・構造の変化 ・・・・・・・　など
競合	・競合とのシェアの推移 ・代替サービス／商品の可能性 ・競合の強み／弱み ・競合の動向／戦略 ・・・・・・・　など
自社	・顧客別シェア ・ブランドイメージ ・利益率／コスト構造 ・自社の強み／弱み ・・・・・・・　など

Section
05

段取りとは「流れ」である

全体の流れをつかむフレームワークに「ビジネスシステム」というものがあります。これは、ミニマム思考ができる人がよく使うフレームワークのひとつで、事業を行ううえで必要な要素を機能別に分けて、連続した流れにまとめたものです。

たとえば、一般的なメーカーにおけるビジネスシステムは、「商品開発」→「製造」→「マーケティング」→「物流」→「営業」→「店頭管理」という流れを踏んでビジネスは成立しています。

問題解決のステップでは、全体の流れの中で重要なポイントを把握したいときなどに、こうしてステップごとに切り分けて、「どこでつまずいているか」問題点を発見し、解決していきます。ビジネス全体をぼんやりと見るよりも、ステップごとに細かく分析したほうがやるべきステップが明確になって、問題点や解決策が見つかりやすいのです。

スポーツでも同じです。テニスがうまくなりたいとがむしゃらにボールを打つ練習だけを繰り返してもうまくはなりません。テニスも各要素が組み合わさって全体の流れをつくっているからです。

「サーブ」→「走る」→「フォアハンド」→「バックハンド」→「ボレー」→「ドロ

ップショット」といったように、順番は別にしても、さまざまなプレーの要素の組み合わせでできています。

いくらバックハンドやボレーがうまくても、サーブがダメなら、なかなか成果は出ないでしょうし、いくらサーブが完璧でも、走り抜く体力がなければ、勝負で勝つことはできません。テニスが上達する人は、それぞれの要素を分割して、苦手なポイントを克服したり、得意な部分をさらに伸ばしたりと、重点的に練習を繰り返しているのです。

一連の流れをステップごとに分解し、それぞれのステップでやることを明確にすることは、何事においても、質の高い仕事をする秘訣なのです。

もうひとつ押さえておきたいのは、ビジネスシステムはミニマム思考で段取りをするうえで必要不可欠な考え方だということです。

① ゴールイメージと生み出すバリューを明確にする

② それらに向けた「流れ」をつくる

③「流れ」に沿って、やることをリストアップする

「流れ」こそが、ここで言う「ビジネスシステム」です。このステップを踏むことによって、最小の力で最大の結果を得ることができます。

段取りをした結果、どんな価値を生み出し、どんなことを達成したいのかを明確にすることで、作業を進めると同時に価値を生み出すことができます。これが、段取りの極意です。

ビジネスのプロセスを細分化する

ビジネスシステムのフレームワークは、段取りの全体設計図をつくる際にも役立ちます。たとえば、お客様を獲得・維持しようというときの段取りは、次のようなステップに細分化できます。

「顧客ニーズの把握」→「アプローチ」→「商談」→「クロージング」→「フォロー

アップ」

そして、それぞれのステップごとにやるべきことをピックアップしていきます。「顧客ニーズの把握」であれば、お客様の動向やニーズに関する調査など、いくつかやるべきことが見えてくるはずです。

このように作業のプロセスを一つひとつあきらかにすることによって、作業のモレを防ぐことができます。

さらには、**ステップごとの行動を細かく分析することは、自分が工夫すべき点が見えるというメリットもあります。**

たとえば、「顧客ニーズの把握」の段階で、お客様に関する情報収集を意識しておけば、「先輩の営業マンに同じ業界の顧客を抱える人がいるから、アドバイスを求めてみよう」という発想につながるかもしれません。また、「商談」の段階では、「他社の事例を紹介した動画を使ってサービスを説明しよう」ということに気づくかもしれません。これらはすべて仕事の質のアップにつながるでしょう。

バリューを生み出すための流れ（段取りのステップ）

作業		生み出すサブ・バリュー
顧客ニーズの把握	●見込み客の動向・ニーズの調査	顧客の真のニーズの把握
アプローチ	●アポ取り	アポの確約
商談	●サービス説明	サービスに対する顧客の関心を引き、納得させる
クロージング	●見積書作成	受注の成立
フォローアップ	●満足度の確認	顧客のサービスへのロイヤリティーの確立

バリュー　顧客の獲得・維持

「営業活動」という大きな括りで仕事をとらえていると、どうしてもやるべきことを抜かしてしまったり、一つひとつのステップが流れ作業的になってしまいます。

ビジネスシステムは、仕事全体の流れをあらわしたものなので、まさに段取りそのものです。ビジネスの流れを細分化するだけでも、段取り力は大きくアップするはずです。

初めての仕事ではランダムにすべきことを書き出す

全体設計図をつくる方法には、**やるべきことをランダムに書き出したあとに、関連のある作業ごとにグルーピングする**というものもあります。

初めて取り組む仕事などで、何をすればよいか漠然としかイメージできず、ビジネスシステムのフレームワークも活用できそうもないときには、効果的な方法です。

たとえば、「初めてある商品のキャンペーンを任される」ことになって、どんな仕事をすればよいかわからないときには、思いつくままに作業をリストアップしていきます。

そして、ある程度、出揃ったところで、「キャンペーン内容」「情報収集」「会場関連」「スタッフ関連」といった具合に関連する作業ごとにグルーピングしていきます。このとき、作業を時系列でグルーピングできれば、さらに全体の仕事の流れがはっきりしてくるでしょう。

特に初めて取り組むような仕事は、全体設計にモレやダブりがあるのは当然です。だからこそ、設計図の第一弾をできるだけ早く作成し、上司などに確認することが大切です。経験もあって、広い視野から仕事を見ている上司であれば、作業のモレや不必要な作業を指摘してくれるはずです。

だから、何からはじめていいかわからないときほど、ランダムに作業を書き出していくことに意味が出てきます。

Section
06

「モレなくダブりなく」の感覚が仕事の質を高める

「論理的思考」と聞くと、「ロジックツリー」をイメージする人が多いかもしれません。これもフレームワークのひとつで、モレなくダブりなく課題を体系的に分解・整理して、真のポイントや解決策を発見するために使われます。

「どんな家を購入すべきか」というテーマを考えるとき、「庭が広い家がいい」「郊外よりも都心がいい」などと、ランダムに思考を広げていくかもしれません。しかし、家の購入時に検討すべきことは、庭やロケーションだけではありません。部屋の間取りや街の環境、職場へのアクセス、予算、設備など多岐にわたります。家は人生を左右するような大きな投資です。思いつきで検討するにはリスクが大きすぎます。

ランダムに思考をしていくと、肝心なチェックポイントを見逃してしまったり、余計なことに時間をかけて考えてしまったりして、あとで後悔することにもなりかねません。人生における大事な決断だけではなく、仕事の問題も本当に必要な検討やチェック項目が抜けてしまうと、さらに傷口を広げることになりかねません。**大事な決断をするときは、モレなくダブりなく確認することが大切なのです。**

ロジックツリーは、153ページ図のようにツリー状にモレなくダブりなく展開していくのがルールで、問題解決をするときには、ロジックツリーを作成できることは大きな武器となります。しかし、このツリーを見ただけで拒否反応を示してしまう人が多いのも事実。ペンをもったままフリーズしてしまう人も少なくありません。

本書は仕事の段取りがテーマですから、ロジックツリーの作成方法についてくわしく解説することはしません。ただし、モレなくダブりなくチェックポイントを書き出すという行為は、仕事の段取りを組み立てるうえでも大切です。

全体設計図を描くときは、モレなくダブりなくやるべきことをピックアップし、ゴールまでの作業の流れをつかまなければなりません。

このとき、ロジックツリーの基本であるモレなくダブりなくという考え方は活きてきます。ロジックツリーの形にする必要はありませんが、モレなくダブりなく、項目を書き出すことは段取りにおいても重要なのです。ただし気をつけたいのは、「完全」にモレなくダブりなくしようとしないこと。目的は作業のモレやダブりを確かめることです。「モレなくダブりなく」の感覚で段取りを組むことを意識してください。

もっといえば、ここまで紹介した3Cやビジネスシステムといったフレームワークも、検討する項目のモレやダブりを防ぐためのチェックリストです。これらを活用することによって仕事のスピードと質は上がっていきます。

ロジックツリーで段取りのモレをなくす

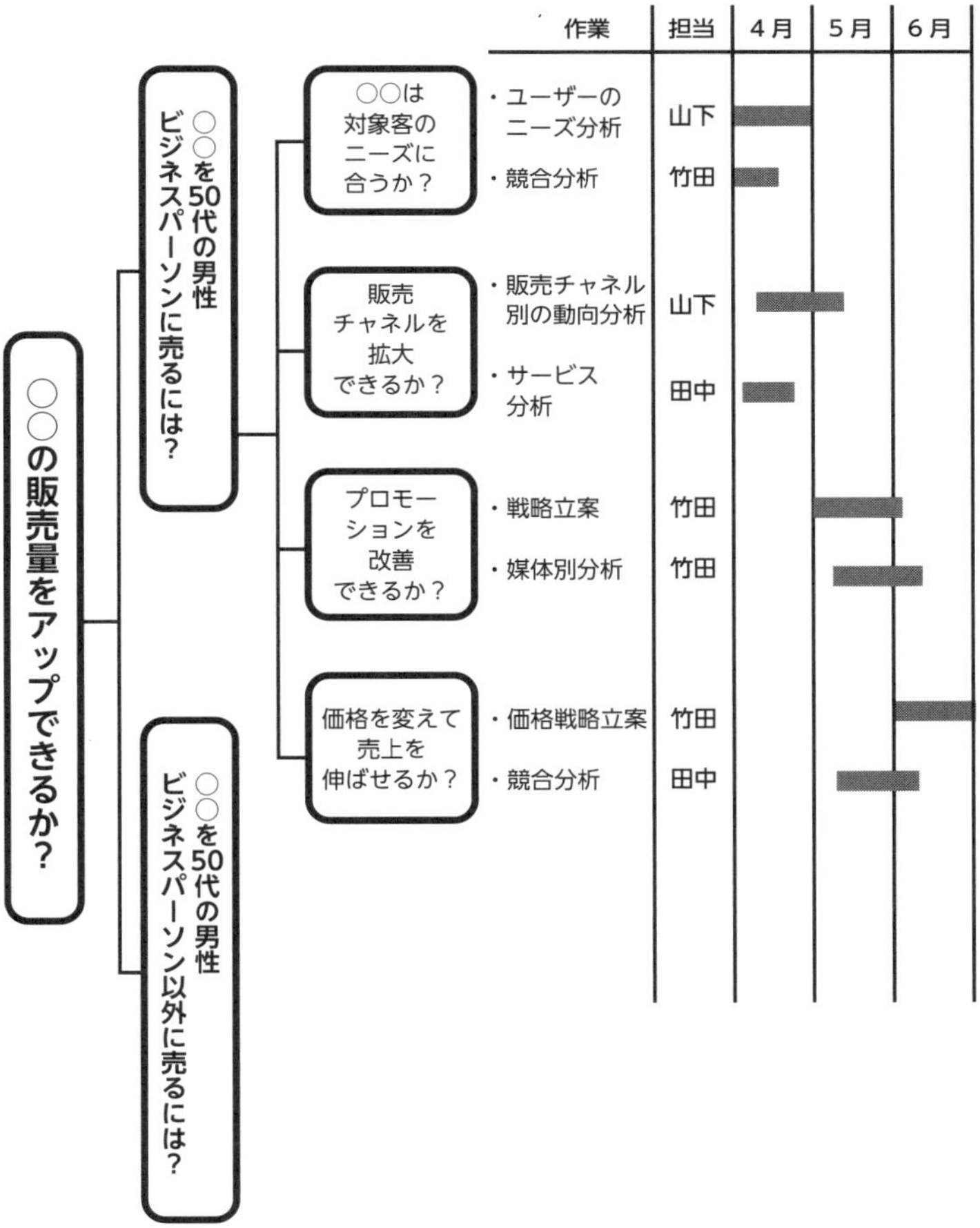

Section
07

仕事を「定量」と「定性」に分ける

仕事には、大きく分けて「定量的な仕事」と「定性的な仕事」の2種類があります。

定量的な仕事とは、ルーティンな単純作業。資料のコピーや入力作業、事務作業などが該当します。一方、定性的な仕事とは、抽象度が高く、クリエイティブな能力を必要とする仕事のこと。つまり「考える」ことが仕事です。たとえば、問題解決や企画、営業などの仕事が該当します。

定量的な仕事は、やるべきことが決まっています。何度も繰り返している作業なので最終成果物も決まっています。求められる仕事の「質」も一定です。このような仕事は、「質」を上げる余地があまりないので、「スピード」にフォーカスすることが重要です。

一方、定性的な仕事は、作業のプロセスや成果物に正解があるわけではありません。「スピード」はもちろんのこと、考えることの「質」は、段取りの良し悪しによって個人差が生まれます。定性的な仕事ほどミニマム思考による段取りが有効になります。

全体設計図を描くときには、まずは自分がこれから取り組もうとする仕事が定量的なのか、定性的なのかを判断し、そしてどの仕事に一番時間がかかるのかを見極めてから取りかかることが大切です。

つまり、**仕事の種類を明確にしてから、時間配分を決めるのです。**まず、絶対的に時間のかかる定量的な仕事の時間を確保する。そして、次に時間がかかりそうな仕事の時間を見積もり、その時間を確保します。それぞれの仕事を分解して、それぞれの時間を見積もるのです。

ただし、1日のうちの時間帯によってコンディションも異なるので、集中できるときに思考の質を問われる仕事をすると、仕事の質とスピードのアップにつながります。ミニマム思考の人は自分のコンディションを知り、集中できるときを把握しています。

定量的な仕事は時間の見積もりが命綱

抽象的でクリエイティブな仕事は、質を気にしなければ、ある意味「えいや」でできるものともいえます。たとえば、企画書を出しなさいと言われたとき、アイデアさえ思いつけば、1時間もかからずに作成できる可能性があります。質を意識しなければ、5分でつくることもできるでしょう。

しかし、抽象度の低い具体的な定量仕事は、そうもいきません。たとえば、100

枚の封筒に宛名を手書きするという作業であれば、枚数分の時間が必ずかかります。1枚につき3分かかるとすれば、３００分（5時間）の時間を確保しなければなりません。もし1時間で終えようとするならば、5人の人手を確保する必要が出てきます。

実は、定量的な単純作業ほどあなどることができないのです。確実に時間を要するので、どれくらいの時間がかかるか見積もるスキルが重要になります。

逆を言えば、**定量の仕事は、ある程度、正確に時間を見積もることができるため、段取りは組みやすいといえます。**段取りを組むときは、少し時間の余裕をもって取り組みはじめ、余った時間で質を高めると、質×スピードのレベルの高い仕事をすることができます。

書類作成は「スタンダード＋α」で

定性的な仕事でも、工夫次第で、質の高さを担保しながら、スピードアップを図ることができます。

クリエイティブな仕事を進めるうえで時間をとられる作業のひとつが書類作成です。

書類といっても提案書や企画書、報告書などさまざまですが、これらを一つひとつゼロから作成していたら、作業のスピードは上がりません。

ミニマム思考のできる人は、**クライアントに提出する提案書など、頻繁に作成する書類については、それぞれのひな型（フォーマット）をもって、使いまわしています。**限られた時間の中で質の高い成果を出すには必要不可欠のツールなのです。

一つひとつの案件ごとに資料をすべてゼロからつくるという会社はまれです。ベースとなるコンテンツは共通のはずです。たとえば、複数のお客様に同時並行的に提案書を作成する営業マンであれば、あらかじめ基本となる提案書のひな型をつくっておく。そして、お客様のニーズに合わせてカスタマイズすればよいでしょう。

具体的には、会社名や日付などを変えるのはもちろんのこと、お客様が興味を示しそうな資料を追加します。たとえば、健康に興味がありそうなお客様であれば、それに関するデータを添付すればオリジナルの提案書になります。また、相手に合わせて、その場で動画やインターネット上のコンテンツを資料と一緒に見せてもよいでしょう。

資料作成は「スタンダード＋α」で勝負をすれば、作業のスピードだけでなく、同時に資料の質もアップします。

提案書のひな型を活用する

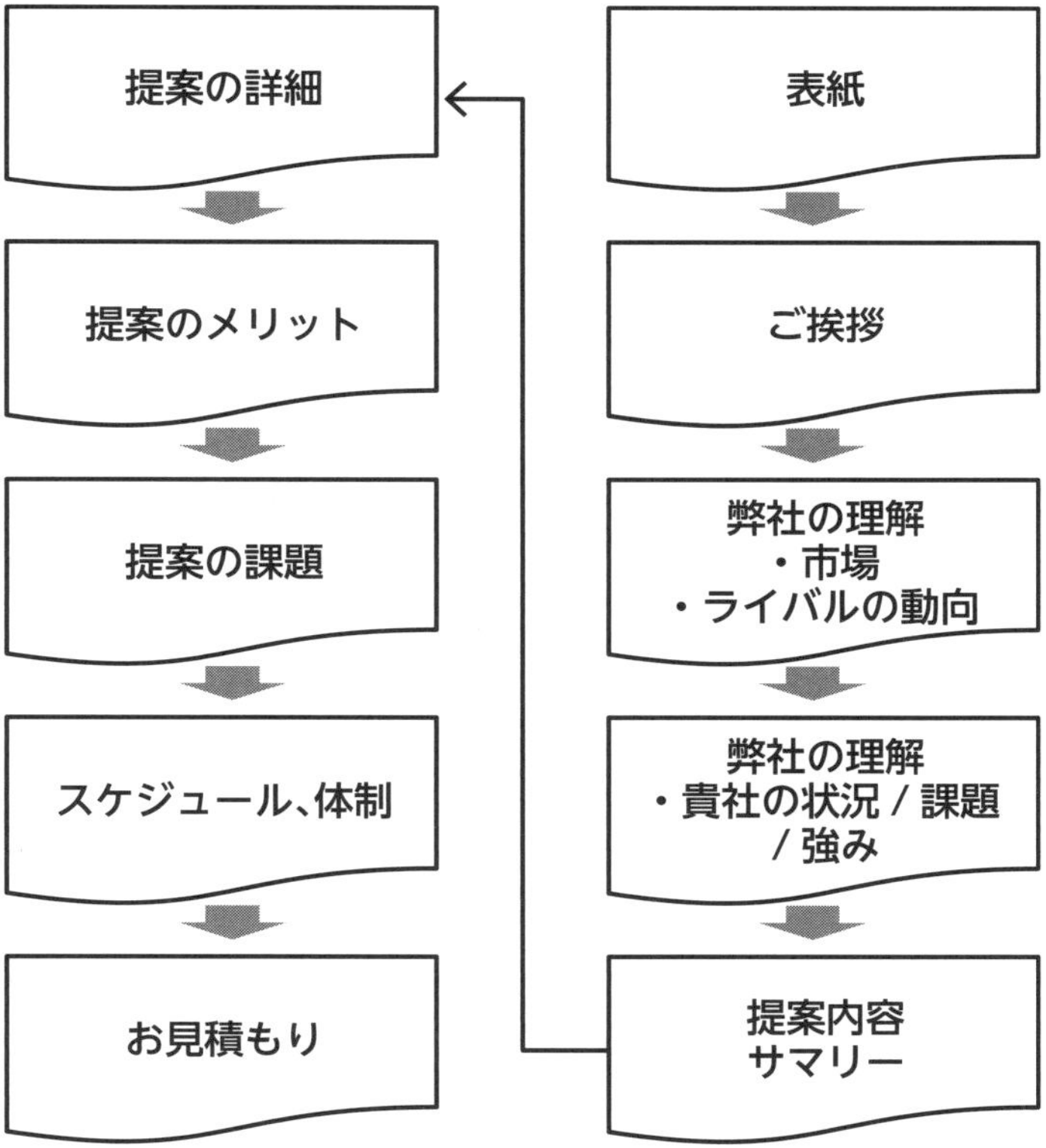

構成要素をひな型として決めておき、必要に応じて修正して使用する

Section
08

作業の見積もり時間は「2倍」にする

段

取りがうまくいかない人は、時間の見積もりを甘くしてしまうことに原因があります。今日1日ですべきことを列挙するとき、多くの人は「やれる仕事」ではなく、「やりたい仕事」を書き出してしまいます。実際にやりきれる量ではなく、「これくらいやれればいいなあ」という願望を書き出してしまうのです。

同時に自分の「時間体感力」が甘い可能性があります。つまり、時間の長さを短めに感じやすいということです。たとえば30秒という時間を正確に感じられればいいのですが、短くなりやすいと、見積もり時間も短く、甘くなりやすいのです。あなたは、正しく時間の長さを感じられるでしょうか？

ミニマム思考の人は、自分の時間体感力を正確に知っていて、ひとつの仕事にかかる時間を正確に見積もることができます。企画書を書くのに実際には3時間かかるのに、「1時間で終わるだろう」と楽観的に見積もることはしません。時間の見積もりが甘くなると、1日にやるべき仕事を書き出したものの、結局は全部終わらずに、やり残してしまうことになります。それらは当然、翌日以降に持ち越すことになりますが、それらが積み重なっていくと、仕事がどんどん後ろ倒しになり、スケジュールが遅れていきます。

やるべき仕事がわかっているのに、片づかない状態は心理的にも大きなプレッシャーになります。五感も鈍くなって、ますます混沌とした状態にはまってしまいます。

これらを防ぐためには、自分の時間体感力を正しく把握して、タスクにかかる時間を正確に見積もることが大切です。

自分の時間体感力と仕事の能力を客観視できる人は問題ありませんが、そうではない人は、**まずは「できそうだと思った時間」の2倍の時間を見積もる**ことをおすすめします。

実際には、さまざまな事情で倍の時間がかかることはよくありますし、それくらいの余裕をもっておけば、スケジュールがずるずると後ろ倒しになっていくことを防ぐことができます。

そして、実際に作業にかかった時間を測って記録してみるのです。たとえば、「メール：15分」「会議資料作成：1時間」「アイデア出し：30分」といった具合に、作業とそれにかかった時間を記録します。次回からこの時間を目安に2倍で見積もります。この時間を基準にして、時間内に終わらせるように工夫していくことです。

「アウトプット」がバリューを左右する

Chapter

4

Section
01

アウトプットは具体的にする

アウトプットをデザインすることは、仕事の質×スピードを上げるために必要不可欠。思考の質とスピードをアップする技法といえます。そのためには、**最終成果物の具体的なイメージをもつことがポイントです。**

たとえば、「お菓子をつくる」というゴールイメージでは、何をつくればいいかわかりません。クッキーをつくるのとケーキをつくるのとでは、用意すべき材料が違いますし、製造のプロセスや時間も異なります。

しかし、「ショートケーキをつくる」「シュークリームをつくる」というゴールイメージがあれば、材料も決まりますし、製造のプロセスも見えてきます。

これは仕事の段取りについても同じです。

単に「企画書を作成する」よりも、仮説にもとづいて「20代の女性向けの健康食品に関する企画書を作成する」というゴールイメージをもっていたほうが、最短距離でアウトプットを出すことができます。

また、「企画書3枚で」「パワーポイントで9枚にまとめる」「図やデータを盛り込んだ資料をつくる」といったように最終成果物の完成イメージをもっていたほうが、そこから逆算して情報の取捨選択をしたり、まとめたりすることができ、作業のムダを省くことができます。

ゴールが見えれば余計なことをしなくて済む

アウトプットをデザインして最終成果物をはっきりさせることのメリットのひとつは、**必要のないことをやらなくて済む**ということです。

たとえば、会社のホームページを作成することになったとします。

このとき、最終的な目的が、「ホームページを使って会社のブランドイメージを構築すること」であれば、やるべきことは絞られてきます。「ホームページを見た人が、この会社の商品を使いたい、この会社で働きたいと思ってくれること」が最終ゴールですから、少なくとも詳細な商品説明や買い物機能の充実は後回しにしていいでしょう。

しかし、最終的な成果物のイメージがあいまいなままだと、「あの情報も載せたほうがいい、あの機能があったほうがいい」と、その過程で作業がどんどん膨れ上がっていきます。完成目前になって、「やっぱりこれはいらないのではないか」という事態になるのがオチです。

仕事に取りかかる前に、「どんなバリューを出すべきか」と自問自答し、アウトプットの形を明確にすることが大切です。

Section
02

アウトプットは「3」でまとめる

プレゼンをしたり、資料をつくったりするときには、「3」という数字がポイントになります。たとえば、「ここでのポイントは3つです」「その理由は3つあります」というように、3つにまとめるのです。

「3」という数字は少なすぎず、多すぎず、相手の印象に残りやすい数字です。それ以上少ないと物足りなく感じ、それ以上多いと理解や記憶がむずかしくなります。

数字の「3」を意識して資料を作成します。たとえば「3つのポイントがあります」と言うときにも、1つのポイントにつき1枚の資料にまとめて計3枚の資料で表現します。

もちろん、3枚ですべての内容を表現できるわけではないので、それができないときは1つのポイントにつき、その要点や根拠、データなどを示すことになりますが、これらの1つのポイントについても、3つの資料に細分化していきます。さらに、この細分化した資料についても、その要点や根拠、データなどを示します。

つまり、**3つのポイントを示すときには、それぞれのポイントにつき3枚、計9枚の資料をつくることになるのです。**これを私は「3乗の法則」と呼んでいます。3枚、

9枚、27枚、81枚……というように3を3乗した数字で資料を作成するのです。こうしたアウトプットのイメージをもって資料をまとめることを習慣にすると仕事の質とスピードが上がります。

コンサルタント時代に「伝えるときは3つのポイントにまとめなさい。そうすれば話は伝わりやすくなる」とよく言われました。「3」という数字にこだわった最終成果物のイメージを描き、的確に自分の考えやアイデアを伝えるのです。結果、納得を得やすくなり、成果につながる技法です。

「主張＋3つの根拠」でまとめる

「空・雨・傘」のフレームワークは、提案書や企画書などをつくるときに便利なツールですが、これも3つにまとめるという意味で、「3」がキーワードといえます。「空・雨・傘」のほかにもうひとつ、おすすめしたいフレームワークがあります。

それは、「主張＋3つの根拠」。**自分が最も伝えたい主張と、それを裏づける理由を**

資料は「3」の3乗で作成する

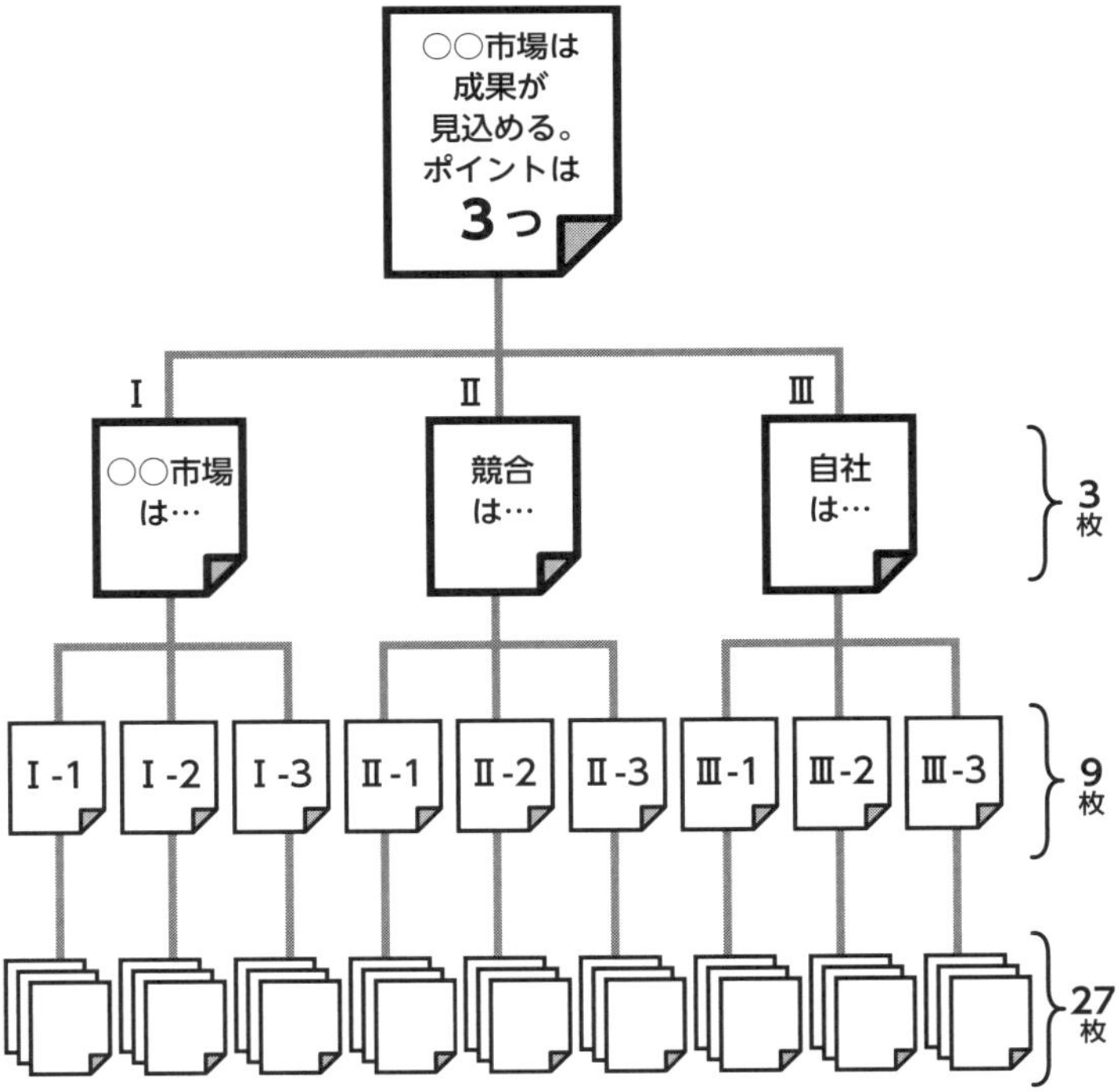

3乗した数字で資料を作成するイメージをもつと、アウトプットのバリューが上がる

3つ示すのです。

たとえば、食品会社が「当社は中国市場に進出すべき」という主張を伝えるときは、3つの根拠も同時に並べます。

「当社は中国市場に進出すべき。

その理由は3つあります。

①日本での市場は飽和状態である（Company）

②中国人の所得が増えて高級志向になっている（Customer）

③ライバル企業も中国市場に進出して高級食品市場ができつつある（Competitor）」

このような感じです。

ちなみに、ここでは3Cのフレームワークにもとづいてまとめましたが、このようにモレなくダブりなく、複数の角度から主張を補強することによって説得力が増します。もちろん、根拠の土台となるデータを一緒に示すことを忘れてはいけません。

最終成果物をまとめるときには、「主張＋3つの根拠」のフレームワークを使うことによって、思考の質×スピードもアップするのです。

どのようにアウトプットをまとめていいかわからないというケースでは、「主張＋3つの根拠」のフレームワークを使うと、自分の考えをまとめやすくなります。

Section
03

上司の「期待値」を握る

仕事の多くは、「この仕事を頼む」と上司から指示されてからはじめることになります。だからこそ、仕事の段取りをするうえでは、上司の「期待値」を握ることが大切です。つまり、**仕事に取りかかる前に、上司はどんな最終成果物を期待しているのかを把握するのです。**

どのレベルの質を求めているのか、いつまでに仕上げればいいのか、どんな背景から頼んでいるのかを事前につかみ、それに沿った成果を出す。そんな「アウトプットをデザインする技術」が必要になります。上司が求めていることを把握していなければ、多くの努力がムダになる可能性があります。

それは好きな人をデートに誘うときと同じです。最近アウトドアが流行っているからといって、バーベキューに誘っても、相手がアウトドアは苦手なタイプであれば、おそらく「ごめんなさい」と言われてしまう可能性大。お付き合いするためのチャンスさえ失ってしまうことになります。

一方で、デートに誘うことに成功する人は、相手のことを知ろうとします。知り合いから相手の好みを聞き出したりするでしょう。

たとえば、相手が「オーガニックレストランに興味がある」ということがわかれば、

「今度お得意さまをオーガニックレストランで接待したいんだけど、一緒に下見に行ってアドバイスしてほしいんだけど、どうかな？」というような誘い方ができます。たとえ相手に恋愛感情がなくても、自分の興味のあることなら、心が動くのではないでしょうか。

これは、営業活動でも同じです。お客様が求めていることがわかっていなければ、独りよがりの営業トークを繰り広げることになります。営業の仕事のゴールは、相手にイエスと言ってもらうことです。そのためにも、相手の求めていること（期待値）を事前に知る必要があるのです。

スピード重視か、内容重視かを見極める

では、上司から報告書の作成を頼まれた場合は、どうすればいいでしょうか。

「A商品の販売状況について報告書をまとめてほしい」と言われたとき、仕事が丁寧な人であれば、数枚にもわたる詳細な報告書を何日もかけて作成するかもしれません。しかし、上司は詳細なデータは必要とせず、A商品の販売状況についてざっく

りと把握しておきたかっただけかもしれません。

それであれば、詳細な報告書を何日もあとに提出されるよりも、依頼したその日のうちに紙1枚の報告書があったほうが上司としては助かります。その部下に対する評価も高くなるでしょう。

反対に、上司が報告書の内容を重視しているようであれば、時間をかけて丁寧に仕上げることが大切ですし、スピードを重視しているのであれば、内容よりも早くまとめることを心がけることで、上司の期待に応えることができます。

「お客様への提案書を作成してほしい」と上司に頼まれたときも、先にどのような意図や背景があるのか、上司の期待値を把握しておけば、必要以上の作業をしなくて済みます。

たとえば、お客様になる可能性がきわめて低い相手に出す提案書であれば、つくりこんだ詳細な資料は必要なく、簡易版で事足ります。仕事の段取りがうまい人は、このように上司の期待値を握っているのです。

段取りがうまくできる人は、**どのレベルの報告書や提案書をいつまでに必要としているか、そしてどんな背景から仕事を頼んでいるのか、上司にヒアリングしてから取**

りかかります。

「どのような情報が入っていればいいですか?」「いつまでに必要ですか?」「その報告書はどのような用途で使いますか?」といった質問をすれば、自分がつくるべきアウトプットのイメージがつかめます。

報告書や提案書にかぎらず、「この仕事は何のために必要なのか」という意図や背景を漠然とでもいいから把握しておくこと。そうすることで、質×スピードはアップするのです。

仕事の頼み方ひとつで成果が変わる

仕事を頼む立場の場合は、自分の期待値をきちんと相手に伝えておくことでチーム全体の仕事の段取りはよくなります。

たいした説明もせずに「これをお願いします」とメンバーに仕事を振っていないでしょうか。「メンバーもわかっているだろう」と高をくくっていると、自分が期待しているような成果が上がってきません。すると、何度も修正を余儀なくされ、時間もムダにしてしまいます。結局、「自分でやったほうがよかった」と後悔して、仕事を抱え込んでしまったら元も子もありません。

したがって、**仕事の①レベル、②背景、③期日をあらかじめ伝えてから相手に仕事に取りかかってもらうことが重要です。**

たとえば、企画書の作成を頼むときも、「企画書を出してほしい」と言うだけでなく、どんな仕事を期待しているか明確に伝えます。企画書はアイデアレベルの簡単なものでいいのか、それとも、しっかりと練り込み、データなど資料もそろえてほしいのか。自分が求めている仕事の質（レベル）について伝えます。その企画書は、お客様を獲得するためのものなのか、誰かを説得するためのものなのか、上司に報告するためのものなのか。企画書をどのように使うかという「背景」も重要です。

そして、肝心の期日。いつまでに仕上げればいいのかについても、明確に伝えておきます。抽象度が高く、レベルの高い仕事を頼むのであれば、途中経過を報告してもらう期日を設定することも必要でしょう。

メンバー同士が最終成果物のイメージを合わせることが、ムダなく段取りを進めるためのポイントとなります。

Section
04

100%を目指さない。80%で十分

アウトプットは、必ずしも100%を目指す必要はありません。

仕事の「質」と「時間」の間には80%：20%のルールが存在します。

仕事の「質」が最大100%だとしたら、80%まで高めるのは、そんなにむずかしいことではありません。それなりに時間をかけて適切なプロセスで仕事をすれば、多くの人は80%のクオリティーまで高めることができます。

しかし、80%の質から100%の質まで高めるのは簡単ではありません。完璧な仕事をするには、集める情報も大量になりますし、作業量も増えていきます。**結局、0%から80%に質を高めるケースの何倍もの時間を費やすことになるのです。**

たとえば議事録を作成する場合、議題や結論、おもな発言内容が記されていれば事足ります。これが80%の仕事だとすれば、100%の仕事は出席者の発言を一言一句もらさずに記載するイメージです。

仕事のゴールは、バリューを実現するようなアウトプットを出すこと。100%の仕事をすることではありません。

仕事の質にこだわって、時間がかかる人は、100%を目指す傾向にあります。だから、質は高いけれども、スピード感のない仕事になってしまうのです。

もちろん、１００％の仕事のほうが質は高いかもしれません。しかし、80％と１０％では決定的な差になりません。スピードが求められるビジネスの世界では、80％の質でも十分に及第点と評価されます。むしろ１００％を目指してもたもたしているよりも、高く評価されるのです。実際、上司や顧客の視点から見ると、時間とともにその評価は下がる可能性があり、１００％の仕事は見せかけの１００％でしかありません。したがって、**ミニマム思考ができる人は、時間をかけて１００％の質を目指すのではなく、短時間で80％の質を達成するのが基本です。**

なお、いち早く80％の質を達成するためには、仮説を立てることが重要になります。仮説がないままに情報収集をはじめれば、膨大な作業量と時間が必要になります。たとえば、「新規事業の企画書を書く」という場合、何も仮説がなければ、80％の情報を集めることさえ時間がかかりますし、そもそもアウトプットのイメージが不明確なので、どこまでやれば80％に達するのか見当がつきません。

しかし、「男性高齢者に売れるスイーツは何か」という仮説があれば、集めるべき情報も絞られて、どこまでやれば80％の質になるか想像がつきます。

仮説は、仕事のスピードを上げることにもつながるのです。

100%の質ではなく、短時間で80%の質を目指す

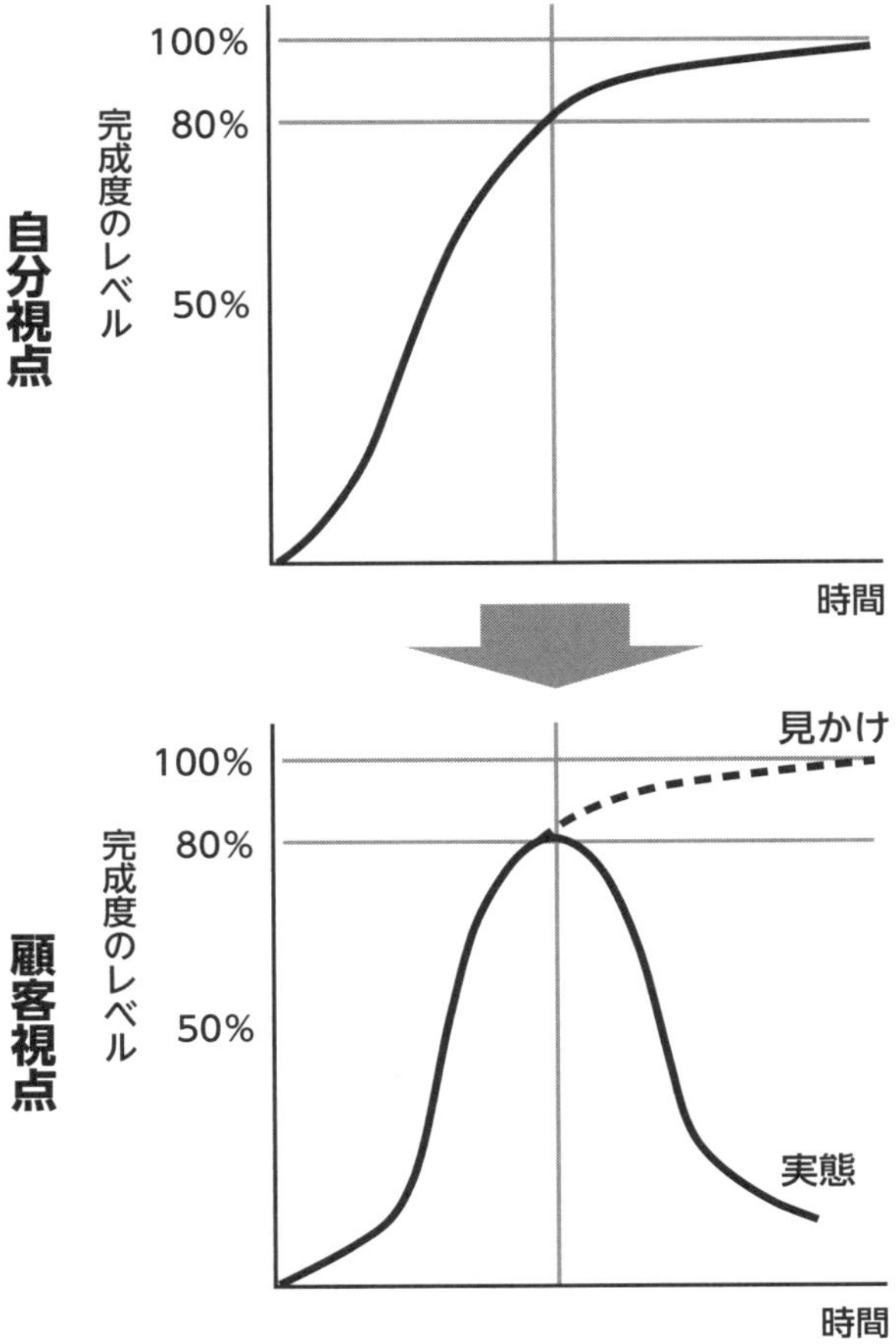

Section 05

タスク完了時間を設定する

人は期限が決められていると、それに間に合わせようとします。「終電まであと30分しかない」という状況に追い込まれたら、仕事にぐっと集中でき、普段以上のスピードで仕事を片づけられるものです。

みなさんもそのような経験は何度もしているのではないでしょうか。これが「締め切り効果」です。

仕事をするときも、この締め切り効果を活用することによって、段取りのスピードアップを図ることができます。

人は苦しいことが大嫌いですから、期限ギリギリまで作業をはじめません。夏休みの宿題を夏休み最終日にあわてて仕上げるという経験をした人も少なくないでしょう。仕事についても、ついつい締め切り日に合わせて仕事に取りかかりがちです。しかし、このような段取りで仕事をしていると、急な仕事が入って期限に間に合わなくなったり、他の仕事が滞ったりする原因にもなります。

これらを防ぐには、**最終的な期限を意識するだけでなく、1日単位で作業の期限を設定することがポイントになります。**

たとえば、「今日10時から11時まで1時間デスクワークができるので、この1時間で報告書作成のための情報収集までは終わらせる」というように、「○時までに、○○までやる」と期限を自分で設けてから取りかかるのです。自分で定めた期限や目標が達成できないのは気持ち悪いので、人はその期限に間に合わせようと必死になるものです。

ミニマム思考の人は、だらだらと遅くまで仕事をしていません。実際コンサルタント時代も「夕食までに帰る」と決めたら、その時間に間に合うように仕事を進める。そんな人がたくさんいました。

これも締め切り効果のひとつ。何時までに1日の仕事を終わらせるという期限を設けているから、それに向けて仕事に集中することができます。

期限通りに終わりそうもなければ、少し朝早く出社して仕事がはかどる午前中に仕事を片づけていきます。

一方、段取りが悪い人は「終わらなければ残業すればいいや」という意識で仕事をしています。だから、日中をだらだらと過ごし、夕方になってからあわてはじめるという仕事ぶりになってしまいがちです。

残業が多くなってしまう人は、一度、帰宅時間を設定して仕事をはじめてみてください。普段いかに成果に結びつかない仕事をのんびりとしていたか実感できるはずです。質×スピードのレベルの高い仕事をしたければ、朝、段取りを確認する段階で「今日は○時までに終わらせて帰る」と期限を決めることが大切です。

たった5分、10分といったすきま時間でも有効に使うことが大切です。「こんな短い時間では何もできない」といって、ボーッと過ごしたり、なんとなくネットサーフィンをしたりしがちですが、それはもったいない。時間を意識して使うと、たとえ1分でも長く感じるものです。短い時間でもできることはたくさんあります。「5分以内に○○を終わらせる」と意識すると、締め切り効果も働き、サクサクと仕事を進めることができるはずです。

緊急の仕事はスピード優先

緊急の仕事をするときほど期限を設定することが大切です。しかも、できるだけ短い時間で済ませるのです。

緊急の仕事の中には、急を要する作業であったり、トラブルであったりと、短時間で成果が求められるものがあります。

たとえば、お客様のクレーム電話があったら、1日後に対応するよりも、すぐに対応したほうがお客様にこちらの誠意が伝わります。後回しにすることによって、それがさらなるクレームを生む事態も考えられます。

緊急の仕事の中には、重要ではない仕事もあります。たとえば、経費書類の提出や上司から頼まれた事務作業などなど……このような重要ではないけれど、緊急の仕事では、質よりもスピードを優先するのが原則です。「5分以内でやる」というように、短い目標時間を設定して、一気に対応するようにします。

スピードが優先されるような仕事では、相手は丁寧で質の高い仕事を求めていません。**重要ではない仕事では相手の期待値を超える必要はないのです。**

このような仕事は時間をかければかけるほど、相手の満足度は下がります。スピード優先で対応すれば、重要ではない仕事でも相手は「よくやってくれた」と満足してくれます。

ワンランク上の超・段取り術

Chapter
5

Section 01

仕事の全体像を把握する「ビジネスシステム型段取りチャート」

この章では、さらにワンランク上の段取りができるようになるための方法をお話しします。

どうしたらもっと仕事の質とスピードを上げられるか。私の見る限り、仕事で活躍する人には、共通する段取りのやり方があります。彼らは、意識的あるいは無意識的に自分の仕事の全体像を可視化できています。

そのとき、仕事のできる人は段取りを3つの視点からとらえ、次のような段階を踏みます。これを「ビジネスシステム型」段取りと呼んでいます。

① **流れ**→バリューを生み出すための仕事全体の流れを意識する
② **括り**→バリューを生み出すために必要な括り（ステップ）に分解する
③ **要素**→括り（ステップ）の中で行う作業をピックアップする

実際に例を見てみましょう。

たとえば、上司に「自動車業界の動向について調査をするように」と言われた場合、調査の全体像がわかっていれば、194〜195ページ図のような「ビジネスシステ

「ビジネスシステム型」段取りの３つの視点

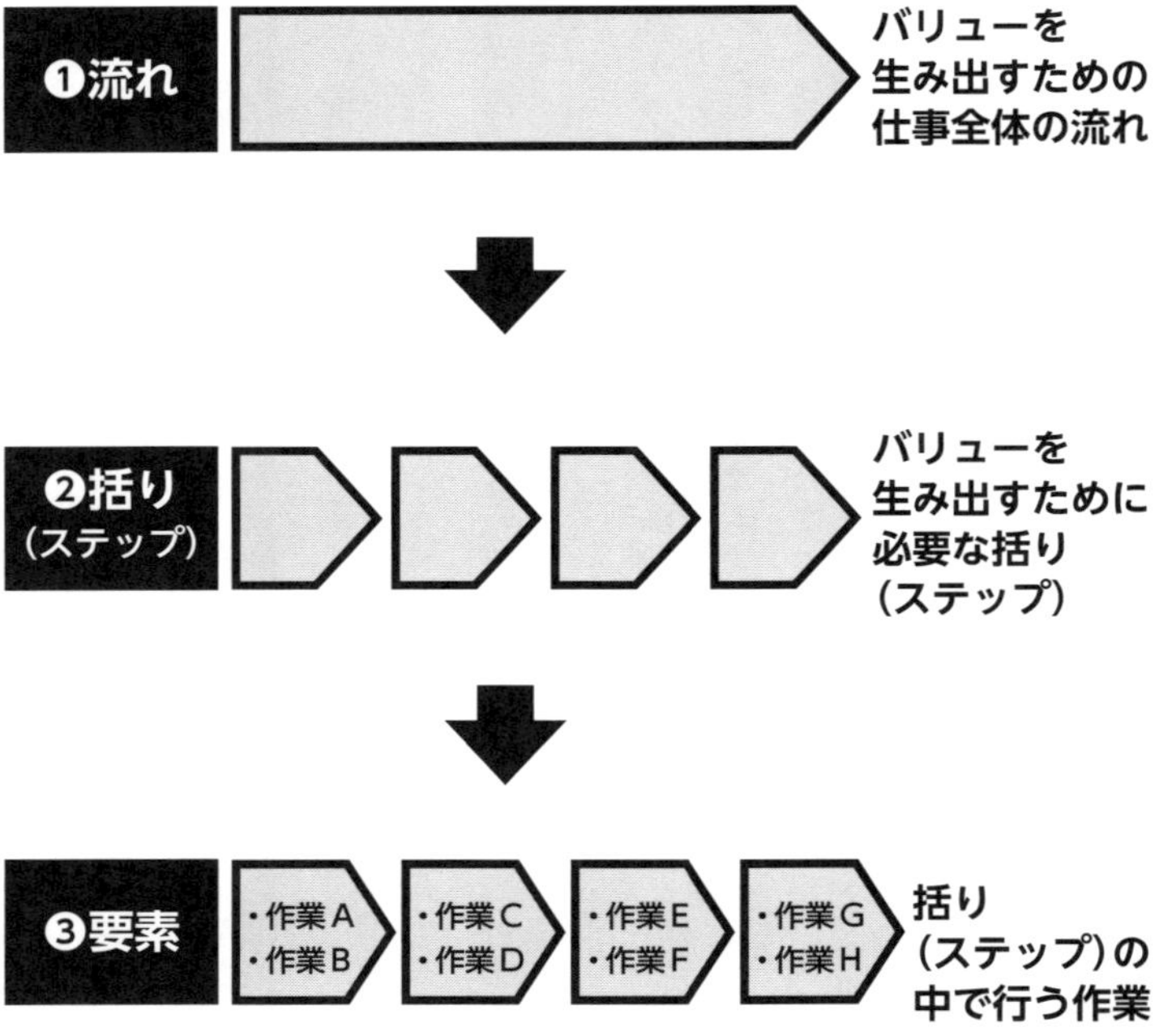

段取りは３つの視点からとらえることで、
バリューが生み出される

ム型」段取りチャート（以下、「段取りチャート」）にまとめることができます。ビジネスシステムを使って、自分の仕事を段取るのです。

「調査」という仕事の内容を、この1枚の段取りチャートに表すことで、確認すべきことや自分がやるべきこと、人にお願いできることなどが明確になり、結果として最も効率よく仕事を進めることができるようになります。

この段取りチャートのつくり方は、大きく次の3段階に分けられます。

① 生み出すべきバリューを明確にする（図の例では、自動車業界の成功パターンを見つける）

② そのバリューを生み出す流れを考え、流れをステップごとに分解する（図の例では、「目的の確認」→「アウトプットイメージづくり」→「仮説の設定」→「調査実施」→「アウトプット作成」）

③ 分解したステップごとに作業をリストアップする

このチャートは慣れてくれば頭の中でもつくれるようにはなりますが、まずは実際

アウトプットのレベル：20枚くらいに事例中心でまとめる
生み出すべきバリュー：自動車業界での成功パターンを見つける

仮説の設定	調査実施	アウトプット作成
・筋のいい仮説を立てること	・ワクワクするレアな情報の収集 ・ヌケ、モレのない情報収集	・上司の期待（品質、期日）にきちんと応えたアウトプット作成
・仮説の設定 ・仮説について先輩・上司に意見を聞く	・調査対象の決定 ・調査項目の決定 ・調査方法（雑誌、新聞、書籍、WEB、インタビュー、アンケート等）の決定 ・調査計画の作成 ・予備調査の実施 ・本調査の実施	・調査結果の分析 ・追加調査の実施 ・アウトプット作成

「ビジネスシステム型」段取りチャートの例

目　　的：自動車業界の動向を調べ、成功事例を集める
期　　日：2016年12月15日（2週間）

プロセス	目的の確認	アウトプットイメージづくり
サブ・バリュー	・手戻りなく、最も効率的に進めるための確認の実施	・ムダな作業を省くためのアウトプットイメージの作成
作業項目	・調査目的の確認 ・調査の必要な背景の確認 ・期日の確認 ・アウトプットのレベル感（ボリュームや完成度）の確認	・アウトプットのフォーマット、作成ツール（ワード、エクセル、パワーポイント等）の決定 ・類似／参考案件探し ・アウトプットイメージの上司への確認

に194～195ページ図の「段取りチャート」の例を参考にしながら、紙に書いて試行錯誤することを強くおすすめします。

実際に紙に書き出してみて、モレがないか、作業と各項目は整合しているかなどを自己チェックします。最後に、時間のあるときに先輩や上司に見てもらい、チェックしてもらえば完璧でしょう。

動く前に全体像を把握する

「段取りチャート」は、全体と細部を把握する要となる1枚です。これを常にチェックすれば、自分がどこの作業をしているのか、どこで止まっているのか、あとどのくらいの作業があるのかなどを、随時確認することができます。

また、上司や関係者とも、「段取りチャート」を共有しながら作業を進めることで、「現在地」を確認することができるのです。

仕事を頼まれたら、すぐに動くのではなく、まずは自分の仕事の全体像を1枚の段取りチャートにまとめてください。

それによって段取り自体が格段にスピードアップすることがわかるでしょう。さらに、自分のいくつかの仕事についても段取りチャートを作成してみてください。きっと今まで見えなかった仕事の改善のヒントが、たくさん見えてくると思います。

段取りチャートを描けたら、さらに次の3つのことを考えていきましょう。

① バリューに直結する最も重要な部分に注力する

② 仕事全体の「質×スピード」を改善する

③ 仕事にブレイクスルーを起こす

事項からは、それぞれについて具体例を交えながら、お話ししていきます。

Section 02

バリューに直結する最も重要な部分に注力する

段取りチャートを描いたあとにすべきことの1つめは、段取りチャートの中で最もバリューを発揮できそうな分野を見極め、その部分に集中してスキルを磨き、成果を上げることです。

たとえば、あなたが営業部門にいるとして、自部門の営業活動を次ページのような段取りチャートに表したとしましょう。

この中で「成果に直結する最もバリューが高そうな部分はどこか」を考えるのです。それはビジネスチャンスを見つけ出す「顧客ニーズの把握」かもしれませんし、契約を決める「商談・クロージング」かもしれません。顧客の離脱を防ぐ「フォローアップ」の可能性もあります。これは、商品の特性やビジネス環境、部内にそれぞれのプロセスが得意な営業担当者がどれくらいいるかなどによって変わってくるでしょう。

仮に、まわりの営業担当者の商談成功率があまり高くなく、自分はもっと商談の成功率を高められる、と判断した場合、バリューを「商談・クロージング」に設定するかもしれません。そうしたら商談やクロージングの勉強・練習をし、その部分の経験を多く積んでスキルを伸ばすことに集中するのです。

「ビジネスシステム型」段取りチャートの例（営業活動）

生み出すべきバリュー：顧客の獲得、維持

プロセス	サブ・バリュー	作業項目
顧客ニーズの把握	・顧客の真のニーズの把握	・見込み客の動向、ニーズ調査（業界紙、ネット、アンケート、聞き取り調査等）
アプローチ	・アポの確約	・アポ取り ・サービスの説明資料作成
商談	・サービスへの顧客の関心を引き、納得させる	・サービス説明 ・具体的ニーズの把握
クロージング	・受注の成立	・提案資料、見積書作成 ・最終説明（プレゼンテーション） ・契約業務
フォローアップ	・サービスへの顧客のロイヤリティーの確立	・アフターフォロー ・情報発信（メルマガ、ニュースレター等） ・定期的なコンタクト（要望の確認等） ・満足度調査の実施

それによって、商談・クロージングが得意となり、他の同僚よりも高い確率で契約が取れるようになったとしましょう。

この場合、資料づくりや電話でのアポ取りなどの業務までをあなた1人がやるよりも、誰かと分業して、営業現場以外の業務をその人にアウトソーシングしてしまい、あなたは現場での業務に集中するほうが全体の効率ははるかに上がることになります。

あなたの価値が10倍になる！

数字で考えてみましょう。

他の営業担当者の現場での成功率が20％、あなたの成功率が60％として、1人の営業担当者は、アポ取りや資料づくりもしながら、1カ月で100件のお客様を回れるとします。

あなたが1人ですべてをこなすとすると、契約できる人数は100人×60％で、60名。他の営業担当者は20名です。

ところが、現場以外の業務をもう1人の営業担当者に任せ、あなたが現場の業務を

最も重要な領域に注力する

生み出すべきバリュー：顧客の獲得、維持

プロセス	サブ・バリュー	作業項目
顧客ニーズの把握	・顧客の真のニーズの把握	・見込み客の動向、ニーズ調査（業界紙、ネット、アンケート、聞き取り調査等）
アプローチ	・アポの確約	・アポ取り ・サービスの説明資料作成
商談（最も重要な領域）	・サービスへの顧客の関心を引き、納得させる	・サービス説明 ・具体的ニーズの把握
クロージング（最も重要な領域）	・受注の成立	・提案資料、見積書作成 ・最終説明（プレゼンテーション） ・契約業務
フォローアップ	・サービスへの顧客のロイヤリティーの確立	・アフターフォロー ・情報発信（メルマガ、ニュースレター等） ・定期的なコンタクト（要望の確認等） ・満足度調査の実施

すべてやれば、1カ月で2名分の200件のお客様を回ることができ、2名の営業担当で120件の契約が取れることになるのです。

さらに、あなたが現場でやっていることを、作業ごとに他の営業マンに教育できるようにすれば、他の営業担当者のバリューも高めることができるでしょう。あなたの成功率60%ほどではなくても、普通の営業担当者の20%の成功確率を、もし40%に高めることができれば、営業担当者が何人いようとも全体の効率を2倍に高めることができたといえるのです。

そうであれば、あなたは自分の価値を10倍以上に高めたと言えますし、成果も見えてくるのではないでしょうか。

作業を2つに分け、最も重要な領域に集中する

自分の価値を高め、全体の仕事の効率を上げるために仕事の全体像を把握して、バリューに直結する最も重要な領域を知ることが大切です。

それぞれのプロセス・作業を次の2つの分野に分けてみてください。

①誰にでもできる分野→他の人に任せる

②バリューに直結する最も重要な分野→１００％注力する

もちろん、特に若いうちは自分の仕事の幅を広げることも大切ですから、どの分野にも積極的に挑戦すべきです。

しかし、ある程度仕事に慣れてきたら、他の人に任せて自分はバリューに直結する最も重要な分野に集中するようにしましょう。

前項で例として挙げた自動車業界の動向調査の仕事で、最もバリューのある作業を「調査結果の分析」と考え、そのスキルを高めていたとします。すると調査方法まで決めてしまえば、あとは手分けして調査を実施するとか、アウトプットのフォーマットが決まっていれば手書きの分析結果を渡して得意な人に書いてもらうといったアウトソーシングの方法が考えられます。

あなたが、調査そのものは他の人に任せ、空いた時間でその調査結果を使ってより深い分析をすることに注力すれば、「調査」という仕事全体のクオリティーを高めることができるのです。

Section 03

仕事全体の「質×スピード」を改善する

段

取りチャートを描いたあとにすべきことの2つめは、全体の割合から見て最も重要な部分の仕事のスピードアップと質の向上を図ることです。

全体像をきちんと押さえていれば、世の中でよく紹介されている仕事のスピードアップ術に惑わされなくなります。

たとえば、次のような仕事のテクニックを聞いたことはないでしょうか？

・マウスを使わずにキーボードだけで資料をつくり、スピードアップを図る
・エクセルのショートカットキーやマクロを組むことを覚えて、作業のスピードアップを図る
・調査のための情報ソース（情報の出所、たとえば業界のキーマンや業界紙など）をいくつかつくっておく

これらは「Tips ＝ティップス（日本語で言うと「ちょっとしたコツ」といったところでしょうか）」と呼ばれます。

たしかに Tips ＝ティップスを知っておくことで仕事のスピードを上げることはで

きますが、それらは一つひとつの作業のスピードを速めるものでしかありません。いわば小手先のテクニックなのです。

たしかにテクニックは大事ですが、**全体像をとらえたうえで最も効果的なテクニックを使うことで、その威力は最大化されます。**

全体の100分の1にすぎない作業をいくら速くやったとしても、全体の時間はほとんど短縮されません。また、最初の方向性が間違っていたら、そもそも途中の作業を速くやること自体、意味がなくなってしまいます（早く間違いに気づくかもしれませんが……）。

だからこそ、まずは全体像を可視化し、次の2つを洗い出すことが大切です。

・ボトルネック（延びてしまうと、全体にかかる時間も延びてしまう作業）
・工数の割合の多い作業

これらを洗い出したうえで、それらの作業のスピードを上げたり、ひな型を用意したりするほか、時間を短縮するために投資（スキルアップを図る、機器・ソフトウェアをそろえる、アウトソーシングするなど）すべきかどうか、といったことを考えてほしいのです。

先ほど例に挙げた営業活動の段取りチャートで言えば、たとえば、「提案資料、見積書作成」に時間がかかり、完成するまでプレゼンテーションができないという場合、この作業がボトルネックに該当します。

その場合、「提案資料、見積書作成」については、ひな型や作成マニュアルを用意して標準化を図ったり、過去に作成した提案資料をストックしておいて類似案件については流用できるようにしたり、提案書を作成する専門チームをつくったり、といった改善が考えられます。そうすれば、結果として全体の質やスピードを上げることにつながるのです。

「部分」にこだわるより「全体」の改善を優先する

さらに、全体像を押さえておけば、作業に優先順位をつけたり、作業そのものをなくしたり、組み合わせたり、アウトソーシングすることによって、より効率的に作業を進められる戦略を立てることが可能になります。

単にひとつの作業をスピードアップするよりも、**仕事の全体を眺めながら、どこに手をつければより仕事のスピードやクオリティーを上げられるかを考えたほうが、よほど効率がいい**でしょう。

たとえば、先ほどの自動車業界の「調査」のフローを改善するならば、次のような選択肢が考えられます。

・調査目的を確認し、似たような状況のレポートが世の中にすでにあれば、ほとんどの作業を省略できる可能性がある

・すでに類似の調査をしたような先輩を探し、「どこが大変だったか」「押さえるべきポイントは何か」といったことを聞き出す（できれば、その際のアウトプットを入手し、参考にする。ただし、結果には引きずられないように注意すること）

・上司がすでに仮説をもっているのであれば、最初の段階でそれを聞き出すことによって（もちろん、その仮説に引きずられないよう注意が必要ですが）、調査内容を

絞り込むことができるかもしれない

このように、仕事全体の改善を図り、仕事のスピードやクオリティーを劇的に高めることも可能になってくるのです。

Section
04

仕事にブレイクスルーを起こす

段取りチャートを描いたあとにすべきことの3つめは、仕事にブレイクスルーを起こすことです。

ブレイクスルーとは、今までなかったような発想で仕事を劇的に改善してしまうこと。いわば仕事の革命です。

例としては、今まで店舗でしか販売していなかったものをウェブでも販売したり(住宅や車など。最近はお坊さんもネットで予約できる時代です)、それまで売れると思われていなかったものを販売したり(お茶や水、空気など)といったことが挙げられます。先ほど紹介した自動車業界の「調査」のやり方についても、自社だけでなく大学と協力して実施する、本部や各国の支店を巻き込む、他社とジョイントして実施するなど、発想を変えることで仕事そのものを変えることも可能です。

異なる業界、趣味の世界が大きなヒントになる

ブレイクスルーは、方法論化することがむずかしいのですが、異業種や趣味から出てくるケースが多くあります。なぜなら、その業界の常識の範囲では、その枠組みを

壊すような発想は生まれにくいからです。**「まったくの異業種の考え方が、その業界の常識を壊す」**ということも実はよくあります。

たとえば、日本伝統の「華道」。華道は家元制であり、いくつもの流派があります。お弟子さんは、好きな流派・家元に弟子入りし、技術を磨いていくことで級や免状をもらえます。技術が向上していくと「師範代」となり、他の生徒さんを教えることになり、さらに技術や人格も高まっていると家元が判断すれば、奥義を伝えられ、他の場所で自分の教室を開けるようになるでしょう。家元も自分の流派を1人だけで教えていくより、はるかに効率よく広げることができます。

趣味として華道を習っていて、なおかつ華道のしくみに詳しく、家元制のことがよくわかっている人ならば、たとえば、エステやネイルサロン、カウンセリング、セミナーなどの業務に家元制度のようなしくみを導入することも可能でしょう（実際に「家元制」のようなしくみを取り入れて、ブレイクスルーを果たした業界は数多くあります）。

ほかにも「マンガ」は、以前は1人で描くのが当たり前でしたが、最近は映画業界からヒントを得て、映画をつくるようにプロデューサー、脚本、作画を分担するようなケースが増えています。ストーリーはいいけれど絵が苦手、逆に絵はうまいけれどストーリーが下手、というマンガ家は売れる見込みが低いと思われますが、プロデューサーがマンガに取り上げる題材を指示して、この2人を組ませたとすると、ヒットコンテンツを生み出す確率は上がるでしょう。

異業種や趣味の世界からヒントを得て、仕事そのものに革命を起こしてしまう例が増えています。そのためにも仕事一辺倒ではなく、好奇心を強くもち、アンテナを広く張って、いろいろなことに取り組んでみてください。いわゆる「仕事バカ」「専門バカ」という状態に陥らないよう気をつけましょう。

超一流のビジネスパーソンは、幅広い趣味をもっていたり、まったくの異業種の人とつながったりしているものだからです。

次の章では、さらに仕事の質を高める「『五感』を研ぎ澄ます習慣」についてお伝えしたいと思います。

Chapter 6

結果が変わる！「五感」を研ぎ澄ます習慣

Section 01

五感を磨けば仕事はミニマムになる

ミニマム思考」をいかんなく発揮できるかどうかは、実は個人の五感の状態に大きく左右されます。なぜなら、五感（視覚、聴覚、触覚、味覚、嗅覚）が研ぎ澄まされた状態でないと、あふれかえる情報を処理することができず、ミニマムにものを考えられないばかりか、センスのよいバリューや仮説を立てることができないからです。このような状態では、ムダなことばかり考えてしまい、エネルギーが分散するだけです。

私たちは五感を通して世界を認識しています。五感を媒体にして、起きている事象を把握し、判断します。その五感を司っているのが脳と神経系です。脳と神経系はコンピューターにおける「ＯＳ」と同じです。どんなにソフトウェアをダウンロードしても、「ＯＳ」の機能がダウンしていれば、ソフトウェアは使えません。

脳という「根」に水をやらなければ、成果という「花」は咲かないのです。

私がこれまでにお会いしてきた一流のエリートたちも、五感を研ぎ澄ます習慣をもっていました。超早寝早起き、瞑想、運動、ヨガ、デジタル・デトックスなど、彼らのスタイルや好みに合わせた習慣をもっていました。たとえば、マッキンゼー時代では、瞑想を実践している人がおり、この頃、私も瞑想をはじめました。

ミニマム思考のできる人ほど、五感が研ぎ澄まされて直感が冴えわたっています。そして、「今、ここ」に100%集中しています。

他の人と同じような情報に触れているにもかかわらず、「そんな発想があったか!」とまわりが舌を巻くアイデアを出してきます。そういうコンサルタントの立てる仮説は、まさしく「セクシー」です。

「優秀な人はセンスが違うから」と片づけるのは簡単です。でも、私がこれまで見てきた経験から言えるのは、**「高いバリューを出せるミニマム思考の人は、五感が鈍らないような習慣をもっている」**ということです。つまり、数多くの情報の中からバリューに直結する情報をキャッチし、処理できるように五感を研ぎ澄ませているのです。だから、まわりをあっと言わせるひらめきが降りてきます。そして、彼らは異次元レベルとも言える究極に高いバリューを出せるのです。

疲れていたり、不安に思っていることがあったりすると、人間の五感は鈍くなっていき、集中力は低下します。結果、ムダなことをあれやこれや考えたり、ムダなことを行ったりします。寝不足のときは、頭がボーッとして思うように働きません。仕事の能率も落ちるし、ミスも多くなる。そのように五感が鈍っている状態では、バリューに結びつく情報が目の前にあっても見過ごしてしまいます。

疲れていれば、心も不安定になり、不安や心配といった感情が生まれます。人の心は自分の感情を処理するために具体的な「理由」を必要とします。抽象的な概念では処理できないのです。

したがって、実際には何の問題も生じておらず、単に疲れてネガティブになっているだけなのに、「このまま今の部署で仕事をしていることに将来性を感じられないから」「この間提出した企画書を実は上司が評価してくれていないのではないか」というように、自分がネガティブな気持ちになっている「理由」を探そうとします。そして、その「理由」に従って、行動してしまうのです。

これは、思考が分散し、ムダにエネルギーを使い、ますます疲れてしまう「負のスパイラル」に陥ってしまっている状態です。

このような心の状態のまま仕事をしていたら、有益な情報を見逃してしまいます。メガネのレンズがくもっていたら対象を正しく認識できません。レンズがブルーになっていれば、世の中のものすべてがブルーを帯びて見えてしまいます。

五感が鋭く働く状態を保っていると、まさに「アイデアが天から降ってくる」とい

う感覚を得ることが可能になります。なぜなら、この状態になると、努力することなく自然と「今、ここ」に100%集中でき、目の前のことに十分に力を発揮できるからです。たとえば、あるテーマについて調べようと、インターネットで検索をはじめてから5分後には、まさに欲しい情報について書いてある記事やデータを発見し、アイデアが広がっていくことがあります。私は五感を磨く習慣を心がけるようになってから、このような経験を何度もしています。

しかし、五感が鈍っていると、同じようなアイデアを得るのに、丸1日かかってしまうといったことがよくあります。これは、疲れている心があれやこれやさまよい、「今、ここ」に100%集中できないからです。バリューを出せない人にかぎって、日々の業務に疲れ切って、五感というセンサーが正しく作動していないのです。

✦睡眠を変えるだけで仕事の結果が変わる

やることが多くて疲れもとれない……。そのように感じている人は、五感を研ぎ澄ますために、一旦立ち止まって休むことをおすすめします。

あれもこれもやらなければと思考が分散し、疲れているなと感じたら、休むサインです。これ以上仕事を続けても、ムダなことばかりしてしまい、パフォーマンスは下がる一方です。

寝不足では、そもそもミニマムに考えることができません。寝不足が続くと、疲れは蓄積され、脳と神経系の働きは低下してしまいます。寝不足で頭が働かないという人は、22時には就寝するような生活をしてみる。いつ寝るかも重要です。22時から2時の間によく眠ることができると、質の良い睡眠になり、疲れもしっかりとれます。ミニマム思考の人は質の高い睡眠をとることを習慣にしています。

徹夜で仕事をするのはやめましょう。アメリカのある大学の実験で、17時間寝ないでいると、血中におけるアルコール濃度が0・05%、つまり酩酊の状態と同じになり、仕事のパフォーマンスも、この状態のレベルに低下するという結果が報告されました。徹夜をしても、成果を上げるのはむずかしいということです。

22時には就寝する。お酒が好きな人は、お酒もやめる。少なくとも3日間続けてください。これは経験則です。

これを3日間でも続けていると、頭がスッキリして冴えわたる感覚になるのを実感できます。疲れを引きずることもないので、五感が研ぎ澄まされ、集中する力もアップし、いいアイデアも浮かびやすくなります。

これを実践すれば、これまでとは頭の働き方が違うことを実感できるはずです。私がビジネスエリートに行ってきたエグゼクティブ・コーチングの中でも、この方法をすすめているのですが、「頭の中がクリアになって、ムダなことを考えないようになった」といった感想をおっしゃってくれます。

また、いい仮説やアイデアが浮かばないというときには、一旦作業をやめて、休む。早く寝る。すると次の日にいい仮説やアイデアがひらめくということがあります。寝ている間に、脳の海馬といわれる場所で、それまで蓄積したいろいろな情報の整理整頓をしているといわれており、いろいろな情報を吟味し組み合わせ、記憶を再構成するのです。つまり、答えは睡眠からやってくるということ。**なかなかアイデアが出ない、あれやこれや考えてしまうというときには、さっさと寝てしまうことです。**

ミニマム思考のできる人は、運動も習慣にしています。適度な運動をすることもクリアな五感の状態を取り戻すために有効です。そして集中力アップにもつながります。

コンサルタント時代には、私は毎週2回ほど水泳に行っていました。するとリフレッシュするのです。実際、多くのコンサルタントが運動を実践していました。

ノースカロライナ大学やＵＣＬＡ大学の研究によると、運動をすると認知能力がアップすると報告されています。運動は脳への血流を増やし、結果、脳の容積やニューロンの形成が増加する効果があるということです。つまり、**頭がスッキリするのは、運動によって脳の疲れが回復するからです。**

おすすめは散歩。毎日のスケジュールに簡単に組み込むことができ、費用もかからず、手軽に実践できます。たとえば、最寄りの駅の3駅手前から歩いてみたり、通勤途中にある公園に立ち寄って散歩したりする。朝の通勤前に太陽の光を浴びると、脳内にセロトニンという神経伝達物質の分泌が活性化されます。すると集中力がアップし、気持ちも前向きになります。結果、仕事の質とスピードが高まります。

「そんな時間があったら仕事をしたい」という人もいるかもしれませんが、時間に追われてストレスを感じたまま仕事をしても、質の高いアウトプットは出せません。リラックスできる時間を確保することで、結果的にバリューの高い仕事が少ない時間でスピーディーにできます。最大のパフォーマンスは適切な休息から生まれるのです。

Section
02

オンとオフの切り替えが仕事の質を高める

仕事は継続して発生します。ひとつの仕事が終わっても、次の仕事がやってきます。よって、段取りは一時的なものではありません。日々の段取りの積み重ねで、うまく仕事が進んだり、滞ったりします。継続的に段取りよく仕事を進めることが大切なのです。

ミニマム思考のできる人は、仕事にメリハリをつけて、継続的にムダのない段取りで仕事を進めます。

休みなく毎日仕事を詰め込んでいると、いつか限界がやってきます。フルパワーで働くのは一時的には可能でも、いつまでも続けるのは不可能です。

一般的に、仕事ができる人は仕事量も多く、残業をせざるを得ないケースも少なくありませんが、ミニマム思考な人ほど仕事にメリハリをつけます。

ある先輩のコンサルタントは、猛スピードで仕事をこなし、毎日18時には仕事を切り上げて退社。「18時には仕事を終える」と半強制的に決めることで、時間をムダにすることなく、仕事に集中できていたのだと思います。それを習慣にすることで、脳は反復で訓練され、短時間で仕事を完了することができるほどに格段に集中力がアップされたのでしょう。もちろん、仕事の成果も他の人よりずば抜けていました。

その先輩は、仕事が立て込んでいたときには、いつもより朝早く出社していました。他の優秀なコンサルタントについてもいえますが、段取りがよい人は朝早くに出社している傾向がありました。

究極の段取りは、早寝早起きです。朝早く仕事をはじめ、残業をせずに帰る。五感が鋭敏になり集中力が高まります。

朝は仕事がはかどります。脳がリフレッシュされた状態なので、頭を使う仕事をするにはもってこい。集中力もアップするので、特に考える作業を中心に仕事を進めるといいでしょう。

私は22時には寝て、5時に起床する生活をするように意識していますが、そのような生活を数日続けられると、5～6時間かかる仕事が、2～3時間で終わる感覚があります。また、会社の始業時間よりも早く仕事をスタートすれば、会社の会議や打ち合わせ、電話対応などに時間をとられることなく、仕事を進めることができます。

早寝早起きを習慣にする。それだけでも時間の有効活用ができ、段取り力はアップします。

✦「インプット」「アウトプット」を意識する

ある優秀な先輩コンサルタントは、「毎週金曜はインプットの日」と決めていました。この日は絶対に仕事を入れず、インプットに集中する日。クライアント先にも出向かずに、仕事に関連した書籍だけではなく、哲学や芸術などの書籍を読むといった勉強の時間にあてていたのです。

またある先輩は、毎日数時間は、自分の将来に投資するための時間と決めて、勉強したり、人に会ったりする時間にあてていました。

当時、パートナーでいらっしゃったある大先輩は、マンガから古今東西の哲学や文学にいたるまで造詣が深く、だからこそ、それらからクライアントがぐっとくる知見を提案できるのだと思っていました。

アウトプットするばかりでは、疲弊していくだけです。インプットをする時間を確保していたからこそ、その先輩たちはユニークな視点や洞察のあるアウトプットを出し続けることができたのでしょう。

私は哲学、文学オタクでした。そして、どうしても人文科学の領域で、クリティカルに考える論理学を使って、もっと知を探求したいという思いにかられ、シカゴ大学院で人文科学を勉強するところまでいきましたが、人文科学で探求したインプットは、アイデア出しをしたり、洞察したりする視点の基盤となっているのを実感しています。

自分の好きなことを探求するインプットの時間も大切にしてほしいと思います。

✦休みの日を「ブロック」する

段取りがうまくいかない人ほど、「どうせ就業時間内には終わらない」「残業すればいいや」という前提で仕事に取り組んでいます。そして、日中ダラダラと過ごした結果、夜遅くまで残業したり、家に仕事をもち帰ったりしています。

仕事に集中するときは徹底して集中する、休むときは思い切って休む。仕事は月曜~金曜日で終わらせて、土日は自分の時間にあてる。オンとオフの時間を決めて、メリハリをつけることによって、質の高い成果を出し続けることができるのです。

オンとオフの時間をはっきり分けるためには、オフのための時間をあらかじめブロ

ックしておくような工夫も必要になります。

たとえば、数カ月も先のバカンスの日程や趣味にあてる時間を早々に決めて、「この日は仕事を入れない」と関係者に伝え、ブロックする。そうしないとどんどん仕事が入ってしまうからですが、ただ休みがほしいという理由ではなく、ミニマム思考の人はオンとオフの時間を分けることが仕事の質を高めることを理解しているのです。

ミニマム思考の人は、1日の仕事の時間でもメリハリをつけて、一定の集中力を維持できるようにしています。

自分が継続して集中できる時間を把握して、その時間が来たら、休憩するというオン・オフサイクルを1日の中に組み込んで仕事を進めるのです。

私は平均30分くらいは質の高い濃密なレベルの集中を維持できることを把握しています。したがって、30分仕事をしたら5分くらい休憩することを繰り返しています。

通常、人の集中力は90分持続するといわれていますが、個人によって時間の長短はあります。まず自分の集中力がどれくらい継続するか時間を測ってみることです。

たとえば、90分であれば、90分仕事をしたら、5分から10分休むというオンとオフのメリハリをつけて仕事をしてみると、質とスピードがアップします。

Section

03

年単位「スケジュール」を立てる

私がエグゼクティブ・エリートのコーチングをするときに、よくアドバイスしているのは、年単位でスケジュールを把握しておくということです。

たとえば、3年後に起業・独立をするという目標を立てたとします。いざ起業しようと思えば、計画的に準備を進める必要があります。「1年後には、起業に必要なスキルを習得する」「2年後には将来の見込客となる人を30人獲得する」といった具合です。

せっかく将来のありたい姿が描けているのに、忙しさにかまけて、それに向けたステップを踏むことができなければ、起業・独立のプランは絵に描いた餅となってしまいます。

起業・独立を目指すなら、そこから逆算して「1年後にはこういう状態になっている」「6カ月後にはこういう状態になっている」「3カ月後にはこういう状態になっている」といったことを明確にし、それをひとつずつ実行していく必要があります。

したがって、どんなに仕事が忙しくても、自分にとって重要な目標を達成する人は、**年単位でスケジュールを見て、到達度をチェックしています。**一方で、これを怠っている人は、年末になって「結局、今年1年何もできなかった……」とぼやくことになるのです。

大きな目標を成し遂げたいなら、**年単位でスケジューリングし、「2年後」「1年後」「半年後」「3カ月後」「1カ月後」の自分の「あるべき姿」を描いておくべきです。**

これをしておくと、重要なことから目を逸らさず、目標に近づいているか、自己チェックができます。たとえば、8月までに到達したい「あるべき姿」が明確になっていれば、7月に入った時点で「あるべき姿に向けてこれをしないといけない」という意識が働きます。また、あるべき姿に向けて、行動ができたかを振り返ることもできます。もし十分な行動を起こせていないのであれば、そこで時間を確保したり、段取りを軌道修正したりすることも可能です。

おすすめは、トイレに1カ月単位のカレンダーを貼っておくこと。トイレは心も体も弛緩させて、「空《くう》」になれる時間です。空になれる時間とは、脳がボーッとしている状態です。そういう状態のときに、ひらめきが浮かびやすいのです。

この空になれるとき、目の前のカレンダーを見ながら、「今週は目標に向けた行動をとれたか」「今何にフォーカスするといいのか」などと振り返ります。あるいは、「中旬だな、今月もあと2週間。今何をすることが重要かな？ 進捗は順調かな？」

などと自問自答するのです。すると、「翌月までに○○をする必要がある」「こうするといいのでは」など、考えが浮かび、自然と重要なことにフォーカスするように習慣化されます。

✦1年間のオンとオフをスケジューリングする

先ほど「オンとオフの切り替えが仕事の質を高める」と話しましたが、年単位でスケジュールを意識することは、オンとオフのバランスをとることにも役立ちます。

たとえば、勤務が暦通りの会社に勤めている人であれば、正月休みはしっかり休み、休み明けからゴールデンウィークまでは仕事に集中して突っ走る。そして、ゴールデンウィークはしっかりオフの時間を満喫し、お盆休みまで仕事に集中する。お盆休みで存分に休息をとったら、シルバーウィークまで仕事に専念。シルバーウィークをしっかり休んだら、年末まで一気に走り抜ける——。このように1年という括りでスケジューリングをして、オンとオフのサイクルをつくり出すのです。**オンとオフの時間を分けるようにすれば、コンディションもよくなり、五感も研ぎ澄まされます。**

Section
04

「静かな時間」を1日20分もつ

「集中したいけれど、なかなか集中できない」。そんな悩みをよく聞きます。しかし、**そもそも「集中しよう」と思うこと自体がナンセンスなのです。**

人の心というのは、本来魅力的なものに引かれます。おいしそうな食べ物のにおいがすれば、「何の料理だろう。おいしそうだ。そうだ、今日は何を食べようか」と勝手に考えが浮かんでくる。魅力的な異性が目の前に現れれば「すてきな人だ。恋人はいるのだろうか?」などといつの間にか妄想を膨らませてしまいます。

仕事で集中しようと思っても、メールやインターネットが気になって、いつの間にか集中力が途切れてしまうのは、仕事のほかに魅力的なものがまわりにあるからです。

寝食を忘れて、自然な状態で物事に集中することを「フロー状態」といいます。心が落ち着いて澄み渡った状態。このとき、心は静かで雑念のない状態です。「ゾーンに入る」ともいいます。この状態になると、リラックスしているのに、五感は究極に研ぎ澄まされて、密度の高い集中を自然と維持することができます。

野球選手がインタビューの中で、「ボールが止まっているように見えたんです」と答えることがあります。あれこそ集中力が研ぎ澄まされたフロー状態といえます。

仕事でも同じ。いつもなら2時間かかる仕事が、サクサク進み、30分で終わってしまうことがあります。このように集中して仕事ができるときも、まさにフロー状態に入っているといえます。

このフロー状態も、「フローになろう」と決意したからといって、本当にフロー状態になれるわけではありません。あとで気づいたときには、何もかも忘れて集中していた……フロー状態とは自然となるものです。**無理やり「集中しよう」と思っても、結局は質の低い集中しかできず、すぐに集中力は途切れてしまいます。**

✦ビジネスエリートは瞑想を習慣にしている

集中するには、自然と集中できるように心や体、環境を整えて、ベストコンディションをつくり出すことが大切になります。疲れや忙しさによって頭の中があれやこれや散漫な状態になっていたら、集中することはできません。

ベストコンディションをつくるためにおすすめしたいのは、**「静かな時間」を朝夕と2回、1日20分もつことです。**

私は普段から毎朝、毎夕、20分間、瞑想することを習慣にしています。

瞑想という静かな時間をもつことで、自分や人生を振り返ることができるだけでなく、自然に緊張やストレスからも解き放たれます。瞑想も集中と同じで、「無になろう」といくら念じても、本当に「無」になることはできません。緊張やストレスといったものから解き放たれたときに、はじめて「無」の感覚を得ることができるのです。

実際、瞑想によって脳波も変化することが検証されています。いろいろな瞑想法がありますが、瞑想の種類によって活性化する脳波に違いがあることが、ヴァージニア・コモンウェルス大学のジョナサン・シア氏らによって研究されています。ある瞑想法は40ヘルツの脳波が活性化し、ベータ波とガンマ波に特徴が現れ、強く集中している状態になり、また別の瞑想法は、脳の左前頭葉が活性化し、シータ波に特徴が現れます。また、ある瞑想法はアルファ波を活性化し、同時に異なる脳の部位を同調させて活性化し、記憶力やクリエイティブな発想をアップします。脳の一部分を活性化する瞑想ではなく、脳全体を同調させて活性化する瞑想をすることが重要です。

瞑想で静かな時間をもつことによって、集中力は高まり、五感を研ぎ澄ますことができます。すると、自分が今、集中すべきことが見えてきますし、ムダなことを考えなくなり、センスのよいバリューや仮説を生み出すためのコンディションを整えることができます。

バリューを出し続けているエグゼクティブの中には、瞑想を習慣にしている人が少なくありません。アップル社の創業者である故スティーブ・ジョブズ氏も、生前、どんなに忙しくても必ず土曜日の朝に座禅を組んで瞑想していたといいます。日本の多くのエリートも瞑想をしています。私も多くのエグゼクティブに瞑想をすすめ、集中力が増したなど、その効果を体感されています。

瞑想はハードルが高いという人は、何もしないで心を落ち着かせる時間をもつだけでも十分効果があります。1日のうち10分でも15分でも、「静かな時間」をつくる。この時間はスマホや携帯はオフにする。できれば何もない場所に移動して、ボーッと過ごす。たとえば、目を閉じて休むのもいいでしょう。そうすることで、心のコンディションが整い、五感が研ぎ澄まされていきます。

理想は、自分のやりたいこと、最も重要なことに集中し、それ以外の時間はボーッと無心で過ごすことです。すると、エネルギーをムダにすることなく、最も重要なことのみに100％集中することが自然とできるようになります。そのときの集中は質が高く、濃密なレベルのものになります。

「ぼんやり過ごす時間」が創造を生む

ミニマム思考のできる人は、ボーッと過ごす時間が大切だと知っています。カフェや公園に座ってぼんやりしたり、オフィスでも仕事の合間にボーッとする時間を過ごします。彼らは集中的に仕事をし、そしてボーッとする時間や無心に遊ぶ時間を過ごし、また仕事に集中します。

ワシントン大学のレイクル教授によると、**ぼんやりと過ごしているとき、脳は活動的に働いている**といいます。これを「デフォルトモードネットワーク」といいます。

ぼんやりとしているときには、脳内である種の有機的なネットワークがつくられて、これまで脳に蓄積された、いろいろな情報や知識を「ひとつの意味」につなげる活動をしているといいます。つまり、いろいろな情報や知識という「点」と「点」を「線」や「面」につなげているということ。

非線形思考が自然と起こりやすい時間でもあるといえるでしょう。ぼんやりしているときにこそ、複雑な問題の分析や考察が活発に行われている、ということです。

ボーッと意識をさまよわせることで、クリエイティブな発想につながるのです。いろいろな情報や知識を寝かせて発酵させる、ひらめきやアイデア、いい切り口の仮説を思いつくための大切な時間になるのです。ミニマム思考の人は「ボーッとする時間」を確保します。

また、**ミニマム思考の人は呼吸を整えると五感が研ぎ澄まされることを知っています。** 仕事の合間に数分間深呼吸をする。たとえば、集中力が途切れたなと思ったら、あるいは1時間ごとに数分間深呼吸をしてみてください。

やり方は簡単です。目を閉じて、座っているときには足は組まずにしっかりと床につける。背筋は伸ばして、最初に息を鼻から吐きます。お腹の底まで吐き切ったら、今度は鼻から息を吸います。これを10回くらい繰り返します。これを繰り返すだけで、心が静まり、五感がクリアになると感じるでしょう。

✦デジタル・デトックスで集中できる環境をつくる

ミニマム思考でバリューを出す人は、今やるべき仕事に集中するのが得意です。だから、質×スピードのあるアウトプットを出すことができます。

なぜ、集中できるのか。

それは、意識して集中できる「環境」をつくっているからです。たとえば、集中すべきときは、パソコンやスマートフォンの電源を切って、メールやインターネットを見られない環境に身を置く。これを「デジタル・デトックス」といいますが、集中力を削ぐものを目の前から排除することで、自然と集中しやすい環境をつくるのです。

また、ついインターネットばかり見てしまう、いわゆる**インターネット依存になると、脳のデフォルトモードネットワークが乱される**ことがわかっています。つまり、アイデアやひらめきをつくり出す脳の環境を壊してしまう可能性があるということ。

うまく集中できない人は、他人のことを気にしてしまいがちです。ＳＮＳなどで知り合いが頑張っていたり、結果を出していたりするのを見て、「自分もやらなくては」と焦りの気持ちが生まれてしまう。しかし、焦ったり、ストレスを感じたりすればするほど集中できなくなり、結果が出ないという悪循環に陥ってしまいます。

目の前のやるべき仕事にフォーカスすることによって、バリューの高い結果を出すことができるのです。

Section
05

仕事の進め方は「キャラクター優先」

ビジネスパーソンは、大きく分けてシングルタスクタイプとマルチタスクタイプがいます。

シングルタスクタイプは、ひとつの仕事を完結させないと気が済まない人。このタイプは、ひとつの仕事に対する集中力が高く、質の高い仕事をしますが、こだわりすぎて時間がかかったり、マルチタスクが強いられる状況になると気が散ってしまって仕事の質、スピードがともに落ちる可能性があります。

このタイプの人は、意識して80%：20%のルールを徹底することです。時間をかけて100%の質を目指すのではなく、短時間で80%の質を達成するための段取りを組んで、残りの時間は、他の仕事に使うのです。

一方、マルチタスクタイプは、複数の仕事が同時並行でも平気なタイプです。ひとつの仕事が途中でも、他の仕事にも取りかかることができます。器用なタイプで仕事の処理スピードも速い傾向にありますが、どれも中途半端に終わる危険性もあります。目の前の楽しいこと、刺激的なことにぱっと注意が向く傾向があります。また、「締め切り」のプレッシャーを必要とするタイプでもあります。つまり時間ギリギリで瞬発力を発揮するということ。

このタイプの人は、仕事を小さく分けて締め切りを細切れに設定することが大切です。毎日、やることの優先順位を意識して、最も重要な仕事から始めること。そして、最も重要な仕事をしているときには、そのことだけに集中することを徹底するのです。それ以外の時間は、メールのやり取り、資料の整理など、いつもやる仕事や重要度の低い仕事は並行して行う。このようにひとつのことに集中するときと並行してやるときのメリハリをつけるといいでしょう。

シングルタスクタイプか、マルチタスクタイプか

あなたは、どちらのタイプでしょうか。

安心してください。どちらがよくて、どちらが悪いということではありません。どちらも優れている点があります。

大切なのは、**自分がどちらのタイプであるか見極めること。**ミニマム思考の人は、自分のキャラクターを活かした仕事のしかたを選択し、五感をフル稼働させています。

そのほうが結果的に質×スピードのアップにつながるのです。

たとえば、自分がシングルタスクタイプであれば、複数の仕事を同時並行しなければならない状況になっても、80%：20%のルールを意識して段取りを組み、一つひとつの仕事に集中することができます。

また、自分がマルチタスクタイプであると自覚していれば、器用貧乏にならず、仕事の優先順位を明確にして、一つひとつの仕事を集中して終わらせることを徹底することができます。

自分がどちらのタイプであるかを意識するだけでも、段取りの巧拙はもちろん、仕事の質×スピードも変わってきます。

ミニマム思考のできる人は、自分のタイプを知っていて、そのタイプの良さを生かしながら、仕事をこなします。

Section
06

自分を整えるノートをつける

私はスケジュールをおもにスマートフォンで管理していますが、それとは別に「自分を整えるノート」というものをつけています。これも、五感を磨くために欠かせないツールです。

これは、自分自身を整えるためのノートで、イヤだと思ったことや気になっていることなどを何でも書き綴ります。そういう意味では日記に近いともいえますが、決定的に異なる点があります。

それは、**あとでこのノートを見返して、イヤな感情や気になっていることに関する記述に対して、「賢人」だったら、あるいは尊敬する○○さんだったらどうするか、という視点でアドバイスを書くのです。**私の場合はピンクのペンですが、お気に入りのペンで書くといいでしょう。

そのときは真剣に悩んでいたことでも、あとで振り返ってみると、「なんでこんなことで悩んでいたんだろう」と感じることがありますよね。そのとき悩んでいることも、冷静になってみると、簡単に解決策が見つかったり、取るに足らないことであると気づいたりするものです。

だから、**悩みなどを書き綴って、スッキリしてきたら、一旦ノートを閉じます。そ**

して目を閉じて深呼吸します。数分したら自分を整えるノートを開いて、それに対して客観的な視点から眺めてみるのです。そうすると、意外と簡単に解決策が見つかったり、気分がすっきりしたりします。

たとえば、「上司から会議で積極的に発言するように言われてつらい気持ちになった」とその日の出来事をノートに書いたとします。そうしたらあとでノートを開き、なぜそんなことを言われたのかを客観的に考えてみる。

すると、「準備が足りなかったから、意見が言えなかっただけ」「上司は期待してくれているから注意してくれたんだ」などのアドバイスが浮かびます。言葉にすれば、冷静に自分のことを見つめ直せます。

また、記録としてノートに記しておけば、今度同じような状況になったときに悩みを抱えずにすみます。精神的にも安定するでしょう。

悩みなく仕事ができる環境をつくることは、五感を研ぎ澄まし、段取りよく仕事をこなすためにも大切なことです。

自分を整えるノートを活用して心を整えると、五感が整い、クリアになって、シンプルに考えられるようになるのです。

自分を整えるノート

イヤだと思ったこと、気になっていること		セルフアドバイス
・Aさんにメールしたのに返信がない。まずいことを言ったかな……。	▶	・たまたま忙しいだけかもしれない。なにげなく別件で連絡してみよう。
・これまでやったことのない仕事を頼まれた。うまくいくか不安……。	▶	・これまでも新しい仕事でも、うまくやってきた。今回もきっと大丈夫！
・上司に企画書を提出したけれど、何のリアクションもなかった……。期待外れだったのかも。	▶	・特に問題なかったということかも。補足すべき点があるかどうか聞いてみよう。
・ダイエットしようと思っていたのに、週に３回も飲み会に参加してしまった……。	▶	・来週は飲み会は1回までにセーブしよう。
・上司から会議で積極的に発言するように言われてつらい気持ちになった。	▶	・上司は期待してくれているから注意してくれたのかも。

おわりに

私は、マッキンゼー時代にミニマム思考が鍛えられたと断言できます。

本書で述べてきたとおり、当時、仕事の質とスピードが求められ、大変な激務をこなさなければ居場所がなくなってしまいました。

大変な負荷の中、新人時代から極限まで仕事の質とスピードを高めることを、否が応にも体験させられたわけです。こうした環境の中でもまれてきたことで、「ミニマム思考」を身につけられたのだと思います。そのときの経験は、それ以後の私のキャリアでも大きな武器になっています。

マッキンゼーを辞めたあとは、「こんなにみんなゆっくり仕事をしているんだ」と感じたほど、私の仕事のスピードは上がっていたのです。

だから、どんなにハードな仕事でも、段取りよく仕事をこなすことによって、まわりからそれなりに評価される成果を出すことができたと感じています。そして、振り返ると新人時代にこそ極限までストレッチして自分を鍛えることが大切だと思っています。新人のときに何が自分の生み出すべきバリューか考え抜き、徹底的に仕事のスピードとクオリティを高めて、そのバリューを生み出すことに集中するのです。

そこで今回は、仕事の経験が浅い新人に向けて、身につけてほしいミニマム思考をできるだけわかりやすく説明して、さらに第5章で「ワンランク上の超・段取り術」を紹介しました。


ミニマム思考は、どこに行っても通用する普遍の仕事の哲学です。

これさえ身につけていれば、どこに行ってもいい仕事ができますし、会社に頼らず独立することもできます。

今、私が自分のやりたい仕事をして、人生を楽しんでいられるのは、若いときに鍛えてもらったミニマム思考のおかげと言っても過言ではありません。

ミニマム思考ができるようになると、仕事だけでなく人生もうまくいきます。

自分が大切にしたいことがわかるようになり、それを大切にするようになるからです。

段取りがよくなれば、仕事が楽になって早く終わります。それは同時に、自分のために使う時間を生み出すことになります。

その時間は、英会話の習得や資格取得、勉強会・セミナーへの参加など自己投資にあててもいいですし、趣味を充実させるために使ってもよいでしょう。「自分がこうありたい」というゴールに向かって行動を起こすことができます。段取り力が、あなたの夢をかなえてくれると言っても言い過ぎではないと私は思っています。

そのためには、段取りを意識しながら毎日仕事をすること。

運動と同じで、段取りも何度も繰り返し続けていれば、自然と頭と体が動くようになります。

「この仕事は、ここに問題があるから、こんな仮説が立てられそうだ」「この仕事は、このくらいのスケジュールで終わらせることができそうだ」というように勘が働くようになります。そうなったら、鬼に金棒です。

そして最も大切なアドバイスがあります。それは目の前のことを楽しむと決めることです。目の前にある仕事で自分が生み出すべきバリューは何かを考える。それを生み出す段取りを考えて実践してみるのです。そこに集中してください。それを楽しむのです。

「今、ここ」にフォーカスし、何であれ、思いっきり楽しんでください。結果は、目の前にある仕事からはじまります。今ここにある仕事を大切にする。楽しく工夫するのです。

本書がきっかけで、あなたの仕事と人生が充実することになれば、これほどうれしいことはありません。

大嶋　祥誉

〔著者紹介〕
大嶋　祥誉（おおしま　さちよ）
センジュヒューマンデザインワークス代表取締役。
エグゼクティブ・コーチ、組織開発・人材育成コンサルタント。上智大学外国語学部卒業。米国デューク大学Fuqua School of Business MBA取得。米国シカゴ大学大学院人文科学学科修士課程修了。
マッキンゼー・アンド・カンパニーでは、新規事業の立ち上げ戦略、全社戦略立案、営業戦略立案などのコンサルティングプロジェクトに従事。その後、ウイリアム・エム・マーサー、ワトソンワイアット、グローバル・ベンチャー・キャピタル、三和総合研究所にて、経営戦略や人材マネジメントへのコンサルティングおよびベンチャー企業支援に携わる。
2002年より独立し、エグゼクティブ・コーチングや組織変革コンサルティング、チームビルディング、リーダー開発に従事する。
著書に『マッキンゼー流 入社1年目問題解決の教科書』『マッキンゼー流 入社1年目ロジカルシンキングの教科書』『マッキンゼーのエリートはノートに何を書いているのか』（以上、SBクリエイティブ）、『マッキンゼーのエリートが大切にしている39の仕事の習慣』（アスコム）などがある。

仕事の結果は「はじめる前」に決まっている
マッキンゼーで学んだ段取りの技法
（検印省略）

2016年 9 月28日　第 1 刷発行

著　者　大嶋　祥誉（おおしま　さちよ）
発行者　川金　正法

発　行　株式会社KADOKAWA
〒102-8177　東京都千代田区富士見2-13-3
0570-002-301（カスタマーサポート・ナビダイヤル）
受付時間 9:00～17:00（土日 祝日 年末年始を除く）
http://www.kadokawa.co.jp/

落丁・乱丁本はご面倒でも、下記KADOKAWA読者係にお送りください。

送料は小社負担でお取り替えいたします。

古書店で購入したものについては、お取り替えできません。

電話049-259-1100（9：00～17：00／土日、祝日、年末年始を除く）

〒354-0041　埼玉県入間郡三芳町藤久保550-1

DTP／ニッタプリントサービス　印刷・製本／大日本印刷

ISBN978-4-04-601100-8　C0030